DE EENVOUDIGE MANIER OM ENGELS TE LEREN

2

ERIK VISSER

Alle rechten voorbehouden.

Copyright © 2019 door Erik Visser

Geen enkel deel van dit boek mag worden gereproduceerd of verzonden in enige vorm of op enigerlei wijze, elektronisch of mechanisch, met inbegrip van fotokopiëren, opnemen, of via enig systeem voor het opslaan en opzoeken van informatie, Zonder schriftelijke toestemming van de uitgever.

Deze editie bevat de volledige tekst

van de originele hardcover editie.

GEEN WOORD IS WEGGELATEN

DE EENVOUDIGE MANIER OM ENGELS TE LEREN 2

Een BadCreative Boek / gepubliceerd door

afspraak met de auteur

BADCREATIVE PUBLICATIEGESCHIEDENIS

The Simple Way To Learn French gepubliceerd maart 2016

The Simple Way To Learn Spanish, gepubliceerd maart 2017

AANSTAANDE WERKEN

The Simple Way To Learn Italian 2, 2019

ISBN: 9781089570219

ALSO AVAILABLE IN

- AUDIO
- HARDCOVER
- E-BOOK

FORMATS

Voor updates over het volgende boek, of als u wilt dat wij namens u een kop koffie drinken, kunt u ons op de facebookpagina steunen.

www.facebook.com/BadCreativ3

SOCIAL #TheSimplestWay #EngelsLeren2 #BadCreativ3

INHOUD

HOOFDSTUK EEN - VERBS - INFINITIEF

VERBS - MEERVOUDIG PERFECT

VERBS - GERUND / TOEKOMST

VERBS - AANWEZIG ONDERJUNCTIEF

VERBS - VOORWAARDE

VERBS - VOORBIJE VOORWAARDE

VERBS - VOORBIJE SUBJUNCTIE

HOOFDSTUK TWEE - PASSIEVE STEMMEN

HOOFDSTUK DRIE - VOORSTELLEN

HOOFDSTUK VIER - ABSTRACTEN

HOOFDSTUK VIJF - AARD

HOOFDSTUK ZES - MATERIALEN

HOOFDSTUK ZEVEN - DE KUNSTEN

HOOFDSTUK ACHT - MAATREGELEN

HOOFDSTUK NEGEN - MEDISCH

HOOFDSTUK TIEN - POLITIEK

HOOFDSTUK ELF - ONDERWIJS

HOOFDSTUK TWAALF - IMPERATIEVEN

HOOFDSTUK DERTIEN - WETENSCHAP

HOOFDSTUK VIERTIEN - VERVOER

HOOFDSTUK VIJFTIEN - ECONOMIE

HOOFDSTUK ZESTIEN - SPORTEN

HOOFDSTUK ZEVENTIEN - SPIRITUALITEIT

HOOFDSTUK ACHT - FLIRTING

HOOFDSTUK NINETEEN - IDIOMEN

CONTACT

FOREWORD

In boek één hebben we vastgesteld dat taal een essentieel aspect is van de menselijke conditie en hebben we je de basis gegeven om wat conversatie Engels te leren. In boek twee, breiden we dit uit door jullie te introduceren aan andere aspecten van grammatica die misschien niet eerder zijn behandeld.

Net als zijn voorganger bevat dit boek een lexicon van enkele van de meest gebruikte woorden in alledaagse Engels conversatie. Het maakt gebruik van de eeuwenoude leertechnieken van herhaling en rote memorization, om de hersenen te conditioneren voor het leren van Engels zo snel mogelijk. Daarnaast is een extra functie genaamd story mode opgenomen om de lezer te helpen in een test voor begrip.

Tot slot dient opgemerkt te worden dat, hoewel dit boek zal helpen bij het visueel herkennen en begrijpen van woorden in de Engels taal, studenten ook hun juiste uitspraken moeten begrijpen. Om hierbij te helpen, zal een begeleid audioboek beschikbaar worden gesteld, om luisterlessen mogelijk te maken.

En dus, vanuit de prachtige stad London, de stad van de liefde en alle modieuze dingen, presenteren wij u, <u>De Eenvoudige Manier Om Engels 2 Te Leren</u>.

HOE DIT BOEK TE GEBRUIKEN

1. Deze lijn is de trainingslijn (of T-Line Als u dat wilt)

TRAININGSTIJD

Het is het einde van een reeks van 25 woorden om te onthouden.

2. U bent verplicht om de rechterkant van het boek te dekken & proberen om de linkerkant te vertalen.

3. Elke correcte vertaling heeft één punt. Woorden na de T-lijn, maar niet tot 25, worden beschouwd als bonussen.

4. Ga niet door naar de volgende totdat u 25 punten hebt gescoord.

5. De story modes zijn ontworpen om je te helpen het gebruik van de woorden in zinnen te begrijpen, dus zorg ervoor dat je hoog scoort op de training, om de verhalen volledig te begrijpen.

Nu je de regels kent, Laten we beginnen.

Hoofdstuk Een

VERBS – INFINITIEF

Trefwoorden: Predict, push, know, build, avoid, judge, enter, decrease.

Hij bouwt graag dingen	He likes to build things
Het is moeilijk te voorspellen	It is difficult to predict
Ik ga dat voorkomen	I am going to prevent that
Het is beter om die zone te vermijden	It is better to avoid that zone
Ze wil me ontmoeten	She wants to meet me
Bedankt voor het niet duwen	Thanks for not pushing
Ik voel me slecht zoals je kunt zien	I feel bad as you can see
Vaak waren er gevaarlijke bewegingen te vermijden	Often, there were dangerous movements to avoid
Ze verbouwen groenten en fruit	They grow fruit and vegetables
Na een maand kon ik echte vooruitgang waarnemen	After one month, I could observe real progress
Ik plan graag maaltijden	I like to plan meals
Ik heb geen tijd om je te ontmoeten	I do not have time to meet you
Te vermijden na de maaltijd	To be avoided after meals
Ze verbouwen groenten en fruit	I cannot move anymore
Je mag binnenkomen	You can enter
Je kunt niet uitgaan	You cannot go out
Ik moet brieven sturen	I have to send out letters

Ik ga het probleem oplossen	I am going to resolve the problem
Dit is moeilijk te verminderen	This is hard to decrease
Wie is hij om mij te beoordelen?	Who is he to judge me?
Ze gaat haar hoed vullen met appels	She is going to fill her hat with apples
Ze stond op het punt uit te gaan	She was about to go out
Mag ik binnenkomen?	May I come in?
Nee, we gaan dit oplossen	No, we are going to resolve this
Je kunt niet bewegen	You cannot move

TRAININGSTIJD

Ik moet een kleine koffer vullen	I have a small suit case to fill
Je mag binnenkomen	You can enter
Het is nog te vroeg om te oordelen	It is still too soon to judge
Ze gaat haar man beschermen	She is going to protect her husband
Ik hou van sporten	I like to exercise
Jij moet beslissen	You have to decide
Ik kan er niet meer tegen	I cannot stand it anymore
Moeilijk te weigeren	Hard to refuse
Ze gaf me geen tijd om na te denken	She did not give me time to think
Ik moet mijn wacht vijf minuten vooruit zetten	I have to set my watch ahead by five minutes
Hoeveel tijd om de spiegel te vervangen?	How much time to replace the mirror?
Ik kan vandaag niet beslissen	I cannot decide today

Ik kan niet tegen dit geluid	I cannot stand this noise
Ze gaat haar baby beschermen	She is going to protect her baby
Ik wil dat geluid niet verdragen	I do not want to put up with that noise
Het is moeilijk te beschrijven	It is hard to describe
Ze gaan het raam sluiten	They are going to close the window
Je kunt opstaan	You can get up
Dit bestand moet worden geverifieerd	This file needs to be verified
Het zal gemakkelijk te organiseren zijn	It will be easy to organize
Ik ga dat controleren	I am going to check that
Ze gaan het restaurant sluiten	They are going to close the restaurant
Dat gaat niet gemakkelijk worden georganiseerd	That is not going to be easy to organize

TRAININGSTIJD

Ik kan deze lamp niet beschrijven	I cannot describe this lamp
Je gaat het raam breken	You are going to break the window
Je gaat deze auto inspecteren	You are going to inspect this car
Ik wil niet opgeven	I do not want to give up
Ik wil je alles vertellen	I want to tell you everything
Ik denk dat hij gaat slagen	I think he is going to succeed
Je moet deze auteur citeren	You have to cite this author
Ze gaan je inspanningen ondersteunen	They are going to support your efforts
Het heeft geen zin om met haar te praten	It is useless to talk with her

Hij vertelt graag grappige verhalen	He likes to tell funny stories
Haar zoon zal zeker slagen	Her son is sure to succeed

TRAININGSTIJD

Om de auto te starten	To start the car
Hoeveel wil hij uitgeven?	How much does he want to spend?
Ze willen een baby adopteren	They want to adopt a baby
Je kunt contact met me opnemen als je een probleem hebt	You can contact me if you have a problem
Ik gebruik de telefoon niet graag	I do not like to use the phone
Ik wil minder uitgeven	I want to spend less
Zonder het iemand te vertellen?	Without telling anyone?
Ik hou van wandelen met mijn hond	I like to walk my dog
Ze kunnen terugkeren naar Frankrijk	They can return to France
ik heb niets te verbergen	I have nothing to hide
Ik kan de auto accepteren	I can accept the car
Je verdeelt de cake in vier	You will divide the cake into four
Ik kan dit werk niet aanvaarden	I cannot accept this work
Ik ga je vader waarschuwen	I am going to warn your father
Ik verstop me graag	I like to hide
Je kunt je nu omdraaien	You can turn around now
Ik kom dit moment met je delen	I am coming to share this moment with you

Ze gaat accepteren	She is going to accept
Ze gaat haar man verdedigen	She is going to defend her husband
Je gaat door met eten	You will continue eating
Hij gaat binnenkort beginnen	He is going to start soon
Ik kan je mijn auto lenen	I can lend you my car
Een kleine robot komt hen redden	A little robot comes to save them
Ik wil dit boek lenen	I want to borrow this book
Dat kan nu beginnen	That can start now

TRAININGSTIJD

We moeten doorgaan!	We have to continue!
Ik kom om je kat te redden	I am coming to save your cat
We willen de dieren beschermen	We want to protect the animals
Kan je mij jouw pen lenen?	Can you lend me your pen?
Ik denk dat ik dat heb gelezen	I think I have read that
Ik moet voor middernacht terugkomen	I have to come back before midnight
Ik weet niet zeker of ik zijn idee goed vond	I am not sure I liked his idea
Denk je dat je op tijd klaar bent?	Do you think you have finished in time?
Hij lijkt zijn werk te hebben voltooid	He seems to have finished his work
Mijn moeder zei dat ze haar cadeau leuk vond	My mother said she liked her present
Hij kan dit boek niet hebben gelezen	He cannot have read this book
Ze zeggen dat ze vorig jaar zijn getrouwd	They say they got married last year
We zijn blij dat we zijn gekomen	We are happy that we came

VERHAAL MODUS

ENGELS

Julia: "Why do you have to leave? I'm going to miss you a lot."

Markus: "I'm going to miss you too, but there's no need to worry because we'll always be together, no matter where I go, I'll skype you every week."

Julia: "My birthday is coming soon, and I'm not sure If I can be without you, I want to share this moment with you, my love, I'll ask for a transfer as soon as possible."

Markus: "No problem my love, but the distance between here and my new school is very far."

Julia: "Do you intend to replace me so soon?"

Markus: "Of course not, how can I?"

Julia: "So let me be the judge of distance, because my heart is really connected to yours now."

Markus: "It's good, you can come, but be sure to divide the cake into four parts, because I'm going to have two roommates at my new destination."

NEDERLANDS

Julia: "Waarom moet je vertrekken? Ik ga je heel erg missen."

Markus: "Ik ga je ook missen, maar je hoeft je geen zorgen te maken, want we zullen altijd samen zijn, waar ik ook ga, ik zal je elke week skypen."

Julia: "Mijn verjaardag komt eraan en ik weet niet zeker of ik zonder jou kan zijn, ik wil dit moment met je delen, mijn liefste, ik zal zo snel mogelijk om een overdracht vragen."

Markus: "Geen probleem mijn liefste, maar de afstand tussen hier en mijn nieuwe school is erg ver."

Julia: "Ben je van plan me zo snel te vervangen?"

Markus: "Natuurlijk niet, hoe kan ik?"

Julia: "Dus laat mij de rechter van afstand zijn, want mijn hart is nu echt verbonden met het uwe."

Markus: "Het is goed, je kunt komen, maar zorg ervoor dat je de taart in vier delen verdeelt, want ik ga twee huisgenoten hebben op mijn nieuwe bestemming."

VERBS - MEERVOUDIG PERFECT

Trefwoorden : Last, added, used, accepted.

Ik had melk toegevoegd	I had added milk
Ik kende haar neef	I had known her cousin
Dat had je geaccepteerd	You had accepted that
De objecten die hij had gebruikt	The objects that he had used
Ze had me thee aangeboden	She had offered me tea
Welke resultaten had ze?	What results had she got?
We hadden het geaccepteerd	We had accepted it
Ze hadden zijn naam toegevoegd	They had added his name
Dit zijn de documenten die u heeft verkregen	These are the documents that you had obtained
Ze had haar oom gekend	She had known her uncle
We waren terug naar Frankrijk	We had returned to France
Ik had de dokter gebeld	I had called the doctor
Later was je gekomen	Later, you had come
Ik was hier langsgekomen	I had passed by here
Ze had zich stilgehouden	She had kept quiet
Dit is de tiener die we hadden gebeld	This is the teenager that we had called

VERHAAL MODUS

ENGELS

Boss: "I wrote a letter yesterday, if only you had been there, you would have seen it."

Sebastian: "Once Mrs. Carew offered me tea, it meant I had to listen to one of her terribly long stories, so I left the building at the slightest opportunity."

Boss: "That's right, I guess ... Once she's started, you can never stop her ... Anyway, how are you?" I noticed that you keep going early and late in recent days."

Sebastian: "All is well sir, I just passed the Simpleway certification exams, with the translation work I have to do here, I only had time at the beginning and end of the shifts to study."

Boss: "Splendid, you know, that's another good idea that you brought to this company, if I knew earlier, I would have given you more free time, it's a useful certification, and must add this publishing house."

Sebastian: "I'm honored sir, so am I going to have a salary increase for that?"

Boss: "No, not yet, but it's coming soon, rest assured."

NEDERLANDS

Boss: "Ik schreef gisteren een brief, als je er maar was geweest, zou je het gezien hebben."

Sebastian: "Toen mevrouw Carew me thee aanbood, betekende dit dat ik naar een van haar vreselijk lange verhalen moest luisteren, dus verliet ik het gebouw bij de minste gelegenheid."

Boss: "Dat klopt, denk ik ... Als ze eenmaal is begonnen, kun je haar nooit stoppen ... Hoe dan ook, hoe gaat het met je?" Ik heb gemerkt dat je de afgelopen dagen vroeg en laat doorgaat."

Sebastian: "Alles is goed meneer, ik ben net geslaagd voor de Simpleway-certificeringsexamens, met het vertaalwerk dat ik hier moet doen, had ik alleen tijd aan het begin en einde van de diensten om te studeren."

Boss: "Prachtig, weet je, dat is een ander goed idee dat je naar dit bedrijf hebt gebracht, als ik eerder wist dat ik je meer vrije tijd zou hebben gegeven, het is een nuttige certificering, en ik moet deze uitgeverij toevoegen."

Sebastian: "Ik voel me vereerd, mijnheer, dus zal ik daarvoor een salarisverhoging krijgen?"

Boss: "Nee, nog niet, maar het komt snel, wees gerust."

VERBS - GERUND / TOEKOMST

Trefwoorden : Rest, saying, acting.

Hij gaat ons vermoorden door zo te handelen	He is going to kill us by acting like that
Als kind was hij vrij slank	As a child, he was rather slim
Hij ging weg en zei aardige dingen	He left saying nice things
Daarbij gebruiken mensen minder water	In doing so, people use less water
Je kunt niet leven terwijl je bang bent om te sterven	One cannot live while being afraid of dying
Dat gezegd hebbende, je hebt gelijk	That being said, you are right
Mensen waren effectiever door samen te handelen	People were more effective by acting together
Gezien je toestand heb je rust nodig	Given your condition, you need some rest
Door dat te zeggen, kunt u hun vertrouwen winnen	By saying that, you may gain their trust
Ik zal morgen niet vrij zijn	I will not be free tomorrow
Het wordt morgen goed	It will be nice tomorrow
Er is niets te zien	There will be nothing to see
Ze zullen kunnen drinken	They will be able to drink
Dus ik zal een keuze moeten maken	So I will have to make a choice

TRAININGSTIJD

VERHAAL MODUS

ENGELS

"Are you having fun?" asked the park guide.

"Being here has always been on my list of things to do, so of course I am. For me, the action is always better than what is said, so I will show what I feel with a backflip." said Anton.

Anton's breathing was hard after the flips. He had not exercised for a long time, and that had an obvious effect on him.

"We at Simpleland, Paris, are happy to be part of your joy, sir, how can we help you?" The guide replied, while squeezing both hands together.

"Well, making a movie and skydiving are also at the top of the list." said Anton.

"Parachuting is pretty risky, but where I come from, we have a saying, 'We can not live when we are afraid of death.'" "Maybe our mountain experience is a good substitute for the fun you're looking for." said the guide.

"That will do for now. Where is it?" Anton asked.

"There in the west, sir." the guide pointed.

- oo O oo –

Barrister Aart: "These are the conditions of your parole, as delivered by Justice Daan."

1. "You will still need to have this anklet on you, so we can track your movements during the parole period."

2. "You will not, or will attempt to do anything that could constitute a public nuisance, within the time limit of your parole."

3. "You will return to the perimeter of the assigned premises at the time prescribed by your Parole Officer."

4. "Any violation of the aforementioned rules means that we will have to revoke your bond, and you will be sent back to prison."

Barrister Aart: "Are the terms clear to you?"

Agostino: "Yes sir, understood."

Barrister Aart: "Good. Now try to stay out of trouble."

NEDERLANDS

"Heb je plezier?" Vroeg de parkgids.

"Hier zijn is altijd op mijn lijst van dingen geweest die ik moet doen, dus natuurlijk ben ik dat. Voor mij is de actie altijd beter dan wat er wordt gezegd, dus ik zal laten zien wat ik voel met een backflip."Zei Anton.

Anton ademde zwaar na de salto's. Hij had lange tijd niet geoefend en dat had een duidelijk effect op hem.

"Wij bij Simpleland, Parijs, zijn blij deel uit te maken van uw vreugde, mijnheer, hoe kunnen we u helpen?" Antwoordde de gids, terwijl hij beide handen samen kneep.

"Nou, het maken van een film en parachutespringen staan ook bovenaan de lijst." Zei Anton.

"Parachutespringen is behoorlijk riskant, maar waar ik vandaan kom, hebben we een gezegde: 'We kunnen niet leven als we bang zijn voor de dood.'" "Misschien is onze bergervaring een goede vervanging voor het plezier dat je zoekt." zei de gids.

"Dat is voorlopig voldoende. Waar is het? 'Vroeg Anton.

"Daar in het westen, mijnheer." de gids wees.

– oo O oo –

Barrister Aart: "Dit zijn de voorwaarden van uw voorwaardelijke vrijlating, zoals geleverd door Justice Daan."

1. "U moet deze enkelband nog steeds bij u hebben, zodat we uw bewegingen tijdens de voorwaardelijke vrijlating kunnen volgen."

2. "U zult niet, of zal proberen om iets te doen dat een openbare overlast kan vormen, binnen de tijdslimiet van uw voorwaardelijke vrijlating."

3. "U keert terug naar de omtrek van het toegewezen terrein op het tijdstip dat is voorgeschreven door uw reclasseringsambtenaar."

4. "Elke overtreding van de bovengenoemde regels betekent dat we uw obligatie moeten intrekken en u wordt teruggestuurd naar de gevangenis."

Barrister Aart: "Zijn de voorwaarden duidelijk voor u?"

Agostino: "Ja meneer, begrepen."

Barrister Aart: "Goed. Probeer nu uit de problemen te blijven."

VERBS - AANWEZIG ONDERJUNCTIEF

Trefwoorden : Although, live, life, react.

Hoewel	Even though
Het is noodzakelijk dat ze mijn zus zien	It is necessary that they see my sister
Het is goed dat je er bent	It is good that you are here
Hij is de enige die moet verhuizen	He is the only one who needs to move
Het lijkt erop dat ze niet kan komen	It seems she is unable to come
Ik weet niet zeker of je details van een afstand kunt zien	I am not sure that you can see details from a distance
Hij moet zijn zoon zien	He has to see his son
Ik wil dat ze mijn vrienden zijn	I want them to be my friends
Zij is de enige die een auto heeft	She is the only one who has a car
We zijn blij dat hij een advocaat heeft	We are glad that he has a lawyer
Het is noodzakelijk dat ze onze neef zien	It is necessary that they see our cousin
Lang leven Italië	Long Live Italy
Het is noodzakelijk dat hij het raam sluit	It is necessary that he closes the window
Ze moeten serieus worden	They need to get serious
Ik wil niet dat je het doet	I do not want you to do it
Het is vreemd dat ze dat zegt	It is strange for her to say that
Het is belangrijk dat ze meer reist	It is important that she travels more

Het is belangrijk dat je op zoek bent naar een baan	It is important that you look for a job
Het is belangrijk dat ze leeft	It is important that she live
Ik weet niet zeker of hij zijn werk doet	I am not sure that he is doing his work
Mama wil dat je het raam sluit	Mom wants you to close the window
Ik ben blij dat je dit seizoen reist	I am pleased you travel in this season
Het spijt me dat ze de winkel sluiten	I am sorry that they are closing the store
Het is goed dat je hier woont	It is good that you are living here
We willen niet dat je slecht reageert	We do not want you to react badly
Het is een stevige tas om je boeken in te vervoeren	It is a sturdy bag for carrying your books
Hij gaat trainen voordat de zomer komt	He is going to train before the summer comes
Het is noodzakelijk dat hij snel binnenkomt	It is necessary that he enter quickly

TRAININGSTIJD

VERHAAL MODUS

ENGELS

Nigel: "Even though I often say no, I know it's difficult to find a job in this recession, so in the spirit of brotherhood, I'll leave money to buy food. But I will not always do so. And so, you have to find a legal way to make ends meet, and be self-sufficient."

Kevin: "No problem big brother, thank you."

NEDERLANDS

Nigel: "Hoewel ik vaak nee zeg, weet ik dat het moeilijk is om een baan te vinden in deze recessie, dus in de geest van broederschap laat ik geld over om voedsel te kopen. Maar dat zal ik niet altijd doen. En dus moet je een legale manier vinden om rond te komen en zelfvoorzienend te zijn."

Kevin: "Geen probleem, grote broer, bedankt."

VERBS - VOORWAARDE

Trefwoorden : Could, should.

Je zou kunnen zeggen dat hij rijk is	One would say that he is rich
Zonder dat zou ik gelijk hebben	Without it, I would be right
Je zou moeten slapen, mijn zoon	You should sleep, my son
Hij zou een goede echtgenoot zijn	He would make a good husband
We zouden nu moeten eten	We should eat now
Ik denk dat we goede vrienden kunnen zijn	I think that we could be good friends
Wat zou je kunnen doen uit liefde?	What would you be able to do for love?
ik zou naar bed moeten gaan	I should go to bed
We zouden het hebben	We would have it
Er kunnen er drie of vier zijn	There might be three or four of them
Ik zou zeggen dat je twintig bent	I would say that you are twenty
Als ik in goede gezondheid zou zijn, zou ik gelukkig zijn	If I were in good health, I would be happy
Geen enkele andere man kon mijn werk doen	No other man could do my work
Mijn vrienden willen graag gaan	My friends would like to go
Die vrouw zou naar Frankrijk gaan	That woman would be going to France
Ik zou graag willen eten	I would like to eat
Ze wil graag slapen	She would like to sleep
We weten niet of onze dochter dit idee leuk zou vinden	We don't know if our daughter would like this idea

Je wilt graag gaan	You would like to go
Ik wil graag melk drinken	I would like to drink milk
Wij willen graag Engels spreken met uw studenten	We would like to speak English with your students
Wil je hetzelfde eten?	Would you like to eat the same thing?
Fred en Sebastian willen graag naar Afrika	Fred and Sebastian would like to go to Africa
Ik ben geen vogel, maar ik zou er wel een willen zijn	I am not a bird, but I would like to be one
Tegenwoordig zou ze zeker naar de gevangenis gaan	Nowadays, she would certainly go to jail

TRAININGSTIJD

VERHAAL MODUS

ENGELS

Mr. Jacob: "Young man, you look stressed, is everything okay?"

Young boy on the bridge: "I know; I would go so far as to say that I am depressed."

Mr. Jacob: "It's not good to hear, any reasons in particular?"

Young Boy: "That." he said, handing a brown envelope to Monsieur Jacob.

Mr. Jacob: "What is it?"

Young Boy: "A list of things I had hoped to accomplish at this stage of my life."

Mr. Jacob: "I see, how old are you?"

Young Boy: "Guess."

Mr. Jacob: "I would say that you are seventeen or eighteen years old."

Young Boy: "If you say seventeen, you would be right. I could read them out loud if you want to hear."

Mr. Jacob: "Of course, go ahead, I'm intrigued."

Young Boy: "Number one: At the age of eighteen, I would make a name for myself."

"Number 2. At the age of eighteen, I would go to France or a French-speaking country for a year."

"Number 3. At the age of eighteen, I would have made my first million."

That's it for now, my birthday is next week, and I'm still updating the list."

Mr. Jacob: "You are either a joker, or you worry unnecessarily: many of us have objectives that we will never reach in life. Many of us do not have a million or even a thousand."

Young Boy: "But most of the items on my list depend on number three."

Mr. Jacob: "Well, now that you know what to focus on, start working, things will be clearer and better, trust me."

Young Boy: "Thanks for the chat, I needed that."

NEDERLANDS

De heer Jacob: "Jonge man, je ziet er gestrest uit, is alles goed?"

Jonge jongen op de brug: "Ik weet het; Ik zou zo ver gaan om te zeggen dat ik depressief ben."

De heer Jacob: "Het is niet goed om te horen, met name redenen?"

De jongen: "Dat." Zei hij en overhandigde een bruine envelop aan De heer Jacob."

De heer Jacob: "Wat is het?"

De jongen: "Een lijst met dingen die ik in dit stadium van mijn leven had willen bereiken."

De heer Jacob: "Ik begrijp het, hoe oud ben je?"

De jongen: "Guess."

De heer Jacob: "Ik zou zeggen dat u zeventien of achttien jaar oud bent."

De jongen: "Als je zeventien zegt, heb je gelijk. Ik zou ze hardop kunnen voorlezen als je dat wilt horen."

De heer Jacob: "Natuurlijk, ga je gang, ik ben geïntrigeerd."

De jongen: "Nummer één: op achttienjarige leeftijd zou ik naam voor mezelf maken."

"Nummer 2. Op achttienjarige leeftijd zou ik een jaar naar Frankrijk of een Franstalig land gaan."

"Nummer 3. Op achttienjarige leeftijd had ik mijn eerste miljoen verdiend."

Dat is het voor nu, mijn verjaardag is volgende week en ik werk de lijst nog steeds bij."

De heer Jacob: "Je bent een grappenmaker, of je maakt je onnodig zorgen: velen van ons hebben doelen die we in het leven nooit zullen bereiken. Velen van ons hebben geen miljoen of zelfs duizend. '

De jongen: "Maar de meeste items op mijn lijst zijn afhankelijk van nummer drie."

De heer Jacob: "Welnu, nu je weet waar je je op moet concentreren, begin te werken, zullen dingen duidelijker en beter zijn, geloof me."

De jongen: "Bedankt voor de chat, dat had ik nodig."

VERBS - VOORBIJE VOORWAARDE

Trefwoorden : Recognized, watched, offered, detained.

Hij zou ons gestopt hebben	He would have stopped us
Je zou naar het stadhuis zijn gegaan	You would have gone to the city hall
Nee, dit zou erger zijn geweest	No, this would have been worse
Ze zou je auto hebben herkend	She would have recognized your car
We zouden samen naar de winkel zijn gegaan	We would have gone to the store together
We zouden er klaar voor zijn geweest	We would have been ready
Zonder dat hadden we je herkend	Without that, we would have recognized you
Die woorden zouden mijn laatste zijn geweest	Those words would have been my last
Ik weet zeker dat je een heel goede arts zou zijn geweest	I am sure that you would have been a very good physician
Je zou naar de dorpsschool zijn gegaan	You would have gone to the village school
Je zou minder hebben betaald	You would have paid less
Dat zou ze hebben benadrukt	She would have emphasized that
Ik zou een show hebben gepresenteerd	I would have presented a show
Na school zouden we televisie hebben gekeken	We would have watched television after school
Hij had ons een drankje aangeboden	He'd have offered us a drink

VERHAAL MODUS

ENGELS

Stranger 1: "I hate to say it, but I told you so.

I specifically insisted on the words 'do not look at him', he would have offered to buy us a drink, or you would have at least paid less."

Fred: "I'm sorry, there is still time, we can still go back."

Stranger 1: "There is no reason to, they would have already looked at the tapes. You showed fear. You were not ready to become this person when it was most needed.

"It was a good thing that we stopped when we did, otherwise we would have suffered the consequences of being captured again."

Fred: "Once again, I'm sorry."

NEDERLANDS

Vreemdeling 1: "Ik haat het om het te zeggen, maar ik zei het toch.

Ik stond specifiek op de woorden 'kijk niet naar hem', hij zou hebben aangeboden om ons een drankje te kopen, of je zou op zijn minst minder hebben betaald."

Fred: "Sorry, er is nog tijd, we kunnen nog steeds terug."

Vreemdeling 1: "Daar is geen reden voor, ze zouden de banden al hebben bekeken. Je toonde angst. Je was niet klaar om deze persoon te worden wanneer het het meest nodig was.

"Het was maar goed dat we stopten toen we dat deden, anders zouden we de gevolgen hebben gehad van opnieuw gevangen worden genomen."

Fred: "Nogmaals, het spijt me."

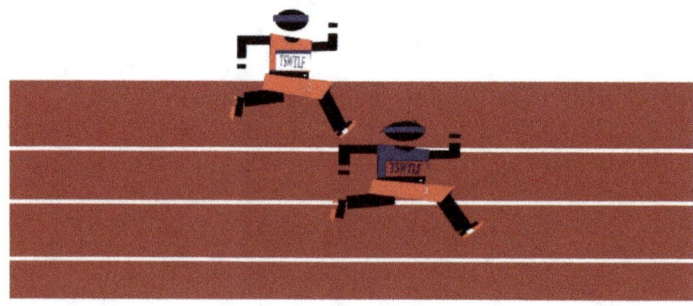

VERBS - VOORBIJE SUBJUNCTIEF

Trefwoorden : Eaten, too much, had, lost.

We zijn blij dat je de grens bent overgestoken	We are happy that you have crossed the border
Ik denk niet dat ze deze fase heeft voorbereid	I do not think she prepared this stage
Het lijkt erop dat ze ziek is geweest	It seems like she has been sick
Het is de mooiste jurk die ze heeft gehad	It is the most beautiful dress that she has had
Dit zijn de enige mannen die aardig voor ons zijn geweest	These are the only men that have been nice to us
Dit is de knapste man die ik in lange tijd heb gezien	This is the most handsome man I have seen in a long time
Het spijt me dat u de vergadering hebt gemist	I am sorry that you missed the meeting
Ik weet niet zeker of je genoeg hebt gegeten	I am not sure you have had enough to eat
Ik denk niet dat Max te lang heeft gewacht	I do not think Max waited too long
Het lijkt erop dat ze nauwkeuriger zijn geweest	It seems that they have been more precise
Het lijkt erop dat ze ziek is geweest	It seems that she has been sick
Het is geweldig dat je naar Parijs bent gegaan	It is great that you have gone to Paris
We houden van het idee dat ze naar het museum ging	We like the idea that she went to the museum
Het is goed dat we naar de dierentuin zijn gegaan	It is good that we have gone to the zoo

Is het mogelijk dat de man terugkeerde voor zijn vrouw?	Is it possible that the husband returned before his wife?
Ik begreep niet dat mijn nicht in de tuin was gebleven	I did not understand that my niece had stayed in the garden
Hun moeder is bang dat ze zonder jassen zijn uitgegaan	Their mother is afraid that they have gone out without their coats
Mama was blij dat we zo vroeg waren teruggekomen	Mom was happy that we had returned so early
Het was beter voor haar om thuis te zijn gestorven	It was better for her to have died at home
Het is logisch dat je eerst bent gegaan	It is logical that you have gone first
Ik betwijfelde of hij zijn werk had voltooid	I doubted that he had finished his work
Ik was heel blij toen je het aanbod accepteerde	I was delighted when you accepted the offer
Ik was blij toen hij vertrok	I was happy when he left
Ik wist zeker dat hij zou rijden	I was sure that he would drive
Ik wilde dat hij de auto op het station zou zien	I wanted him to see the car at the station

TRAININGSTIJD

VERHAAL MODUS

ENGELS

"My God, what has happened here?" asked the detective.

"She died this morning, she was diabetic." Ruben said.

He pointed a picture of the deceased on the wall.

"I thought she went to the doctor this week." said Detective Johann.

"Nobody really knows much, she just came in, she fell to the ground, and that was all. But it's possible that it was a bad diagnosis, it looked very serious.

Also, the family started a protest, destroying everything in sight, claiming we had not done enough. We could sue them, but the legal process would be long, and I'm not really interested."

"We will discuss it later. For now, we will find out more." said the detective.

NEDERLANDS

"Mijn God, wat is hier gebeurd?" Vroeg de rechercheur.

"Ze stierf vanmorgen, ze was diabetes." Zei Ruben.

Hij wees een foto van de overledene op de muur.

"Ik dacht dat ze deze week naar de dokter ging." Zei rechercheur Johann.

"Niemand weet echt veel, ze kwam net binnen, ze viel op de grond, en dat was alles. Maar het is mogelijk dat het een slechte diagnose was, het zag er heel serieus uit.

Ook begon de familie een protest, vernietigde alles wat te zien was en beweerde dat we niet genoeg hadden gedaan. We kunnen ze aanklagen, maar het juridische proces zou lang duren en ik ben niet echt geïnteresseerd. '

"We zullen het later bespreken. Voor nu zullen we meer te weten komen." Zei de rechercheur.

Hoofdstuk Twee

PASSIEVE STEMMEN

Trefwoorden: Adopted, done, respected, read.

Hij is geliefd bij zijn mensen	He is loved by his people
Het gebeurt via de computer	It is done by computer
Is hij door hen geadopteerd?	Has he been adopted by them?
Het kind is geadopteerd door mijn oom en mijn tante	The child has been adopted by my uncle and my aunt
Ze was bij iedereen geliefd	She was loved by everybody
Was je bed opgemaakt?	Was your bed made?
De kat is geadopteerd door aardige mensen	The cat has been adopted by nice people
Hij wordt geadopteerd door een stel	He is adopted by a couple
Hij wordt door iedereen gerespecteerd	He is respected by all
Dat document is gelezen door mijn vader	That document was read by my father
De vrouw wordt gerespecteerd door haar man	The wife is respected by her husband
Oude traditie werden nog steeds gerespecteerd	Old traditions were still respected
De krant wordt gelezen door een breed publiek	The newspaper is read by a wide audience

TRAININGSTIJD

VERHAAL MODUS

ENGELS

Stefan: "Do not worry about the marking, everything is done by computer, just have a copy of your credentials. Once my virus reads the password of the registrar, we can Change as much as possible."

Lucas: "I really respect your hacking abilities."

Stefan: "Thanks, and if you like video games, we can play the new Adopted Suns game, or FIFA if you prefer. I have both, we can play all night if you wish."

Lucas: "Can I ask something?"

Stefan: "Yes, of course."

Lucas: "Why didn't we become friends earlier?"

Stefan: "I do not know either, my friend, but for now, all roads lead to the playground."

* laughs shared *

NEDERLANDS

Stefan: "Maak je geen zorgen over de markering, alles gebeurt op de computer, neem gewoon een kopie van je inloggegevens. Zodra mijn virus het wachtwoord van de registrar heeft gelezen, kunnen we zoveel mogelijk wijzigen."

Lucas: "Ik heb echt respect voor je hackmogelijkheden."

Stefan: "Bedankt, en als je van videogames houdt, kunnen we de nieuwe game Adopted Suns spelen, of FIFA als je dat liever hebt. Ik heb beide, we kunnen de hele nacht spelen als je wilt."

Lucas: "Mag ik iets vragen?"

Stefan: "Ja, natuurlijk."

Lucas: "Waarom zijn we niet eerder vrienden geworden?"

Stefan: "Ik weet het ook niet, mijn vriend, maar voorlopig leiden alle wegen naar de speeltuin."

* lacht gedeeld *

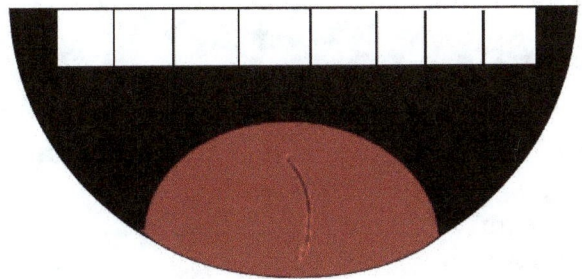

Hoofdstuk Drie
VOORSTELLEN

Trefwoorden : Until, in the middle of, next to.

Tot voor kort	Until recently
We staan naast je	We are next to you
De brug ligt naast de toren	The bridge is next to the tower
Ik ga naar het huis van mijn dochter	I am going up to my daughter's house
Dit komt door deze wolf	This is because of this wolf
Ze staat dicht bij haar kinderen	She is close to her children
Tot nu toe, zo goed	So far, so good
Het weer was prima tot het middaguur	The weather was fine until noon
Hij kan niet werken vanwege de sneeuw	He cannot work because of the snow
Hij woont naast de deur	He lives next door
De leeuw eet tot de nacht	The lion eats until night
Naar onze mening zijn ze slecht	In our opinion, they are bad
Ik sta voor de bakkerij	I am in front of the bakery
Wat zeg je tegen mij?	What are you saying to me?
Ze vond een muis in het midden van haar kamer	She found a mouse in the middle of her room
Er is een nieuw bedrijf buiten de stad	There is a new company outside the city
Je moet dicht bij je moeder blijven	You have to stay close to your mother

Volgens mijn vrouw, ja	According to my wife, yes
Ik ben een Engels tijdschrift aan het lezen	I am reading an English magazine
De twee broers spelen buiten het huis	The two brothers are playing outside the house
Ik eet veel vlees	I eat a lot of meat
Het gaat mijn kracht te boven	It is beyond my strength
Hij loopt door zijn slaapkamer	He walks through his bedroom
Tot voor kort	

TRAININGSTIJD

Het bevindt zich bovenop het gebouw	It is on top of the building
Wat zit er onder je bureau?	What is there under your desk?
Hij drinkt veel bier	He drinks a lot of beer
De kat staat aan de voet van de toren	The cat is at the foot of the tower
Ik draag een jas onder mijn jas	I wear a jacket underneath my coat
ik heb een hoop boeken	I have a lot of books
Ze legde de sleutel boven de doos	She put the key above the box
Ze kijkt door de gordijnen	She sees through the drapes
Je moet je naam onderaan de pagina schrijven	You have to write your name at the bottom of the page

VERHAAL MODUS

ENGELS

Lucas: "I do not know how I'm going to get by. Thanks to him, I could not get ready in time."

Emma: "How about sitting by the window?"

Lucas: "It's beyond me, I will not be able to see much."

Emma: "And if you sit in front of her, next to the Asian?"

Lucas: "It's as good as the examiner sitting on my head, and the Asian does not score as many points in the tests as the girl in blue."

Jesse: "You do not have to worry about anything, all exams can be passed if you have the right knowledge."

Lucas: "What are you talking about?"

Jesse: "From what I've heard, the examiner does not oppose handkerchiefs, just write a few points on one and read them under your desk."

NEDERLANDS

Lucas: "Ik weet niet hoe ik het moet redden. Dankzij hem kon ik me niet op tijd voorbereiden."

Emma: "Hoe zit het bij het raam zitten?"

Lucas: "Het gaat mij te boven, ik zal niet veel kunnen zien."

Emma: "En als je voor haar zit, naast de Aziaat?"

Lucas: "Het is zo goed als de onderzoeker die op mijn hoofd zit, en de Aziaat scoort niet zoveel punten in de tests als het meisje in het blauw."

Jesse: "U hoeft zich nergens zorgen over te maken, alle examens kunnen met goed gevolg worden afgelegd."

Lucas: "Waar heb je het over?"

Jesse: "Van wat ik heb gehoord, verzet de onderzoeker zich niet tegen zakdoeken, schrijf gewoon een paar punten op een en lees ze onder uw bureau."

Hoofdstuk Vier

ABSTRACTEN

Trefwoorden: Benefits, preparation, maximum.

De sleutel is voorbereiding	The key is preparation
Het is een misterie	It is a mystery
Het netwerk is erg groot	The network is very big
Mijn moeder heeft rust nodig	My mother needs rest
Hij arriveerde met vertraging	He arrived with delay
Elk woord heeft zijn betekenis	Each word has its meaning
Het is een slecht stuk	It is a bad piece
Sorry dat ik te laat ben	I am sorry for being late
Het is een oude truc	It is an old trick
Hij heeft geen reactie	He has no reaction
Hij draagt verantwoordelijkheid	He bears responsibility
Wat zijn de voordelen?	What are the advantages?
De stelling is interessant	The proposition is interesting
De perfecte mix	The perfect mix
Ze willen een loonsverhoging	They want a raise
Het voordeel is klein	The benefit is little
De reacties van het publiek zijn positief	The public's reactions are positive
Het is een mix van kleuren	It is a mix of colors
De conclusie	The conclusion
Ze heeft geen persoonlijkheid	She has no personality
Toegang is gratis	Entry is free

Hij is in shock	He is in shock
Het is een middel van bescherming	It is a means of protection
Die man is bang voor verandering	That man is afraid of change
Hij verliest eindelijk het proces	He finally loses the trial

TRAININGSTIJD

Waarom willen ze die veranderingen?	Why do they want those changes?
Wat jammer!	What a pity!
Dat programma bestaat niet meer	That programme does not exist any more
Het is mijn identiteitskaart	It is my identity card
Je houdt van vergaderingen	You like meetings
Dat is jouw plicht	That is your duty
Dat woord is van Franse oorsprong	That word is of French origin
Die ontmoeting was erg lang	That meeting was very long
Ik heb veel huiswerk te doen	I have a lot of homework to do
De auto heeft veel schade	The car has a lot of damage
Het is een belangrijke stap	It is an important step
Het licht	The light
Ik heb niet veel opties	I do not have many options
Ik moet mijn schema nakijken	I have to check my schedule
Bedankt voor je uitnodiging	Thanks for your invitation
Je helpt me niet	You do not help me
Ik heb een pauze nodig	I need a break
Ik geef de voorkeur aan deze versie	I prefer this version

Ik hou van die optie	I like that option
Ik doe het licht aan	I turn on the light
Dankjewel voor je hulp	Thank you for your help
Er bestaan verschillende versies	Several versions exist
De lichten zijn rood	The lights are red
Ik heb hulp nodig	I need help

TRAININGSTIJD

Het is een lange afwezigheid	It is a long absence
Mijn naam staat in de lijst	My name can be found in the list
Hoeveel categorieën	How many categories?
Zijn vader heeft connecties	His father has connections
Ik wil maximaal twee kinderen	I want two children maximum
Ik werk minimaal acht uur per dag	I work a for a minimum of eight hours a day
Ik zit in dezelfde categorie	I am in the same category
Ik weet niets over hun relatie	I do not know anything about their relationship
Ik ben hier voor de conferentie	I am here for the conference
Ze kreeg een goede opleiding	She received a good education
Ze heeft de zaak voor de rechter gebracht	She has taken the case to court
Deze man is er slecht aan toe	This man is in bad shape

VERHAAL MODUS

ENGELS

Barrister Aart: "What a pity, the news of his imprisonment shocked me. This program already existed for people with bad personalities, which means that I still have to watch him, even if he loses this case."

Stranger 1: "What are our options now?"

Barrister Aart: "Fortunately for us, he has forged cordial relationships over the years with influential people from the Department of Education, some of whom are on the jury today, which means we can benefit from familiarity.

Although this is insignificant in the grand scheme of things, it is nevertheless an advantage, and we need all the little ones we can get. The lights are green for us in this case, and I think the good mix of factual evidence and compassion will take us somewhere."

Stranger 1: "It's good to hear."

Barrister Aart: "We'll talk more after the break ... For now, let's go to the staff bar for some food."

Stranger 1: "Is it cheaper there?"

Barrister Lin: "We have nothing to pay, admission is free on Thursdays."

NEDERLANDS

Barrister Aart: "Wat jammer, het nieuws van zijn gevangenschap schokte me. Dit programma bestond al voor mensen met slechte persoonlijkheden, wat betekent dat ik hem nog steeds in de gaten moet houden, zelfs als hij deze zaak verliest."

Vreemdeling 1: "Wat zijn onze opties nu?"

Barrister Aart: "Gelukkig heeft hij door de jaren heen hartelijke relaties gesmeed met invloedrijke mensen van het ministerie van Onderwijs, van wie sommigen vandaag in de jury zitten, wat betekent dat we kunnen profiteren van bekendheid.

Hoewel dit onbeduidend is in het grote geheel, is het toch een voordeel en hebben we alle kleintjes nodig die we kunnen krijgen. In dit geval zijn de lichten groen voor ons en ik denk dat de goede mix van feitelijk bewijs en mededogen ons ergens zal brengen."

Vreemdeling 1: "Het is goed om te horen."

Barrister Aart: "We zullen meer praten na de pauze ... Laten we nu even naar de personeelsbar gaan voor wat eten."

Vreemdeling 1: "Is het daar goedkoper?"

Barrister Lin: "We hebben niets te betalen, de toegang is gratis op donderdag."

Hoofdstuk Vijf
AARD

Trefwoorden: Mountain, sun, fire, sky, sea, nature, air, elements, ground, forest, grass, moon, smoke.

Brand	Fire
De zon	The sun
De plant	The plant
De wind	The wind
Het element	The element
Een boom	A tree
De zon staat aan de hemel	The sun is in the sky
Ze ziet de zee	She sees the sea
De natuur is onze moeder	Nature is our mother
Ons water is niet vervuild	Our water is not polluted
De lucht is hier puur	The air is pure here
Het licht is rood	The light is red
De lucht is blauw	The sky is blue
De zee is blauw	The sea is blue
Ik hou van zijn bloemen	I like his flowers
Hij slaapt op de grond	He sleeps on the ground
De soort is verdwenen	The species has disappeared
De velden zijn geel	The fields are yellow
Ben is op de golf	Ben is on the wave
Roses	Roses
Ons gras is groen	Our grass is green
De wolf is in het bos	The wolf is in the forest
Ik hou niet van regen	I do not like rain
Ik zie de maan	I see the moon
Ik hou van de hitte	I like the heat
Regen is zeldzaam in dat land	Rain is rare in that country
Ze kijkt naar de berg	She looks at the mountain

TRAININGSTIJD

De rivieren	The rivers
zaden	Seeds
De planeet	The planet
De sneeuw	The snow
Waar is de top?	Where is the summit?
Het landschap	The landscape
Het is geen ster	It is not a star
De rook is wit	The smoke is white
De rivier is gevaarlijk	The river is dangerous
Het landschap is prachtig	The landscape is wonderful
Het rook naar rook	It smelled like smoke
De planeet is in gevaar	The planet is in danger
De oceaan is blauw	The ocean is blue
Het meer is erg diep	The lake is very deep
Het klimaat is heel aangenaam	The climate is very nice
De wolk is wit	The cloud is white
Er is vervuiling	There is pollution
Het is goed voor het milieu	It is good for the environment
Elektriciteit is erg handig	Electricity is very useful
Het begon te sneeuwen	It started to snow

VERHAAL MODUS

ENGELS

Mia: "Thanks for the flowers, I've been looking for this particular species everywhere."

Elisa: "Really, it's great because I brought enough for you to grow a forest."

Mia: "Unfortunately, it would be totally impossible to do here."

Elisa: "Why do you say that?"

Mia: "Personal experience. Plant species will never survive in this climate. There were okra seeds I bought last year, six months later, none of them survived."

Elisa: "It's unfortunate."

Mia: "Yes, and it's like that for several reasons: first, it's almost always raining, so this place is ridiculously cold all year long ... Secondly, the soil is just not good enough."

Elisa: "So why do you choose to live in such an environment?"

Mia: "The air is cleaner, with less traffic and industrial activity. When it stops raining, the birds whisper softly in the morning through my window and build nests with beautiful eggs inside."

Elisa: "I see."

NEDERLANDS

Mia: "Bedankt voor de bloemen, ik heb overal naar deze soort gezocht."

Elisa: "Echt, het is geweldig, want ik heb genoeg voor je meegenomen om een bos te laten groeien."

Mia: "Helaas zou het hier totaal onmogelijk zijn."

Elisa: "Waarom zeg je dat?"

Mia: "Persoonlijke ervaring. Plantensoorten zullen in dit klimaat nooit overleven. Er waren okra-zaden die ik vorig jaar kocht, zes maanden later, geen ervan overleefde."

Elisa: "Het is jammer."

Mia: "Ja, en dat is om verschillende redenen: ten eerste regent het bijna altijd, dus deze plek is het hele jaar door belachelijk koud … Ten tweede is de bodem gewoon niet goed genoeg."

Elisa: "Dus waarom kies je ervoor om in zo'n omgeving te leven?"

Mia: "De lucht is schoner, met minder verkeer en industriële activiteit. Als het stopt met regenen, fluisteren de vogels zachtjes door mijn raam en bouwen ze nesten met prachtige eieren erin."

Elisa: "Ik snap het."

Hoofdstuk Zes
MATERIALEN

Trefwoorden : Wood, oil, silver, leather, gold.

Het ijs	The ice
De steen	The stone
Het goud	The gold
Het hout	The wood
De krant	The paper
Ze heeft veel geld	She has a lot of money
Dat mes is van ijzer	That knife is made of iron
Ik hou van ijs	I like ice
Dit is goud	This is gold
Uw papieren alstublieft	Your papers, please
Die brug is van steen	That bridge is made of stone
Die doos is van papier	That box is made of paper
De deur is van staal	The door is made of steel
Munten zijn van metaal	Coins are made of metal
Amerika is rijk aan olie	America is rich in oil
Het stof ligt op de vloer	The dust is on the floor
Dit plastic is groen	This plastic is green
De wol is van goede kwaliteit	The wool is of good quality
Ik hou niet van plastic	I do not like plastic
Deze kat heeft mijn wol afgenomen	This cat has taken my wool
Het is droog als stof	It is dry as dust

VERHAAL MODUS

ENGELS

Gold, iron, oil, cotton, rubber. What do these five have in common? If you guessed they are all raw materials, then you would be right.

Raw materials are often natural substances that can be turned into new products through processing activities. Do not believe me? Look around you. The coins are metal. Your belts are leather. The forks and spoons you eat with, are mainly silver. Wood is another good example of raw material. After the treatment, the sawdust can also be used as raw material in the creation of another product.

NEDERLANDS

Goud, ijzer, olie, katoen, rubber. Wat hebben deze vijf gemeen? Als je raadt dat het allemaal grondstoffen zijn, heb je gelijk.

Grondstoffen zijn vaak natuurlijke stoffen die door verwerkingsactiviteiten in nieuwe producten kunnen worden omgezet. Geloof me niet? Kijk om je heen. De munten zijn van metaal. Je riemen zijn van leer. De vorken en lepels waarmee je eet, zijn voornamelijk zilver. Hout is een ander goed voorbeeld van grondstof. Na de behandeling kan het zaagsel ook als grondstof worden gebruikt bij het maken van een ander product.

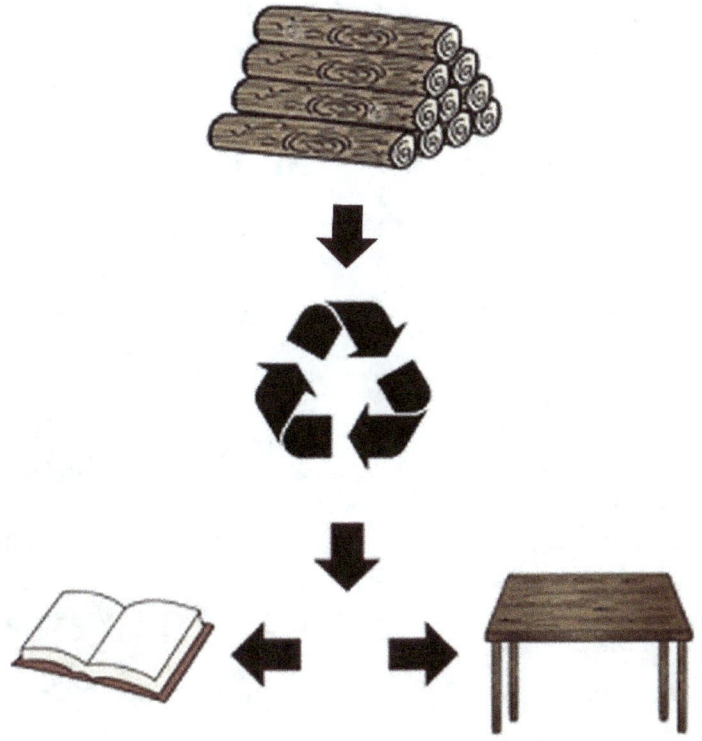

Hoofdstuk Zeven

DE KUNSTEN

Trefwoorden : Painting, music, poetry, artist, film, novel.

Het theater	The theater
De film	The movie
De viool	The violin
Het gedicht	The poem
Het ritme	The rhythm
De artiest	The artist
De kunst	The arts
Het museum	The museum
De zanger	The singer
Het instrument	The instrument
Het is een muzieknoot	It is a musical note
Jij hebt het schilderij	You have the painting
Het is dit jaar in de mode	It is in fashion this year
Ik vond deze uitvoering niet leuk	I have not liked this performance
Het is een geweldig stuk	It is a great piece
Zijn cijfers zijn uitstekend	His marks are excellent
Ik kijk naar het werk van mijn tante	I am looking at my aunt's works
De mode van dit jaar is compleet anders	This year's fashions are completely different
Jij hebt de verf	You have the paint
Is hij een levende schrijver?	Is he a living writer?
Ik wil naar de bioscoop gaan	I want to go to the cinema
Het zijn kunstenaars	They are artists
Soms reciteren ze gedichten	Sometimes, they recite poems

Het wordt gebruikt voor het bekijken van films	It is used for watching movies
Waar is het museum?	Where is the museum?

TRAININGSTIJD

De plaats	The scene
Ik draag een masker	I wear a mask
Het ontwerp is anders	The design is different
Waar is het schilderij	Where is the painting?
Het is voor mijn roman	It is for my novel
Ik luister naar liedjes	I listen to songs
Hij houdt van de piano	He likes the piano
Ze is naar dat concert gegaan	She has gone to that concert
Ik wil een gitaar	I want a guitar
De acteur spreekt met de koning	The actor speaks with the king
Hij is een zanger	He is a singer
De acteurs	The actors
Onze zoon heeft drie gitaren	Our son has three guitars
Stefan luistert graag naar de viool	Stefan likes to listen to the violin
Hij speelt de piano	He plays the piano
Ik gebruik de camera	I use the camera
Ik teken een auto	I am drawing a car
De foto is prachtig	The photograph is beautiful
De muzikant heeft veel vrienden	The musician has a lot of friends
Hij houdt van de literatuur	He likes the literature
Mijn oom houdt van architectuur	My uncle loves architecture
De camera's	The cameras
Hij neemt foto's	He is taking photographs

De twee muzikanten spelen een beroemd werk	The two musicians are playing a famous work
De muzikant komt met haar viool	The musician is coming with her violin
Op het podium	On stage
Hij houdt niet van kritiek	He does not like criticism
Het is een serie over een hond	It is a series about a dog
Ze houdt van gedichten schrijven	She loves writing poems
Ik zing altijd	I always sing
Je woorden zijn mooi	Your words are beautiful
Ik ben een gedicht aan het schrijven	I am writing a poem
De vogels zingen	The birds sing
Ik ben geen criticus	I am not a critic
Ze zingt erg mooi	She sings very well
Deze serie is erg recent	This series is very recent

TRAININGSTIJD

VERHAAL MODUS

ENGELS

"It's a beautiful painting, I did not know you were artistic:" commented Lucas.

"Not as much as you think, but my sister is." Simon replied.

"She loves drawing, literature and music, and her poetry shows are always filled with rhymes and rhythms, you should see a show when you have the time.

On the other hand, the only artistic thing about me is that I can play both bass and electric guitar, and from time to time, I like to attend one or two dinners to meet real artists."

NEDERLANDS

"Het is een prachtig schilderij, ik wist niet dat je artistiek was:" zei Lucas.

'Niet zoveel als je denkt, maar mijn zus wel.' Antwoordde Simon.

"Ze houdt van tekenen, literatuur en muziek, en haar poëzieshows zijn altijd gevuld met rijmpjes en ritmes, je zou een show moeten zien als je de tijd hebt.

Aan de andere kant is het enige artistieke aan mij dat ik zowel bas als elektrische gitaar kan spelen, en van tijd tot tijd ga ik graag een of twee diners bij om echte artiesten te ontmoeten."

Hoofdstuk Acht

MAATREGELEN

Trefwoorden : Weight, speed, liter, tons, centimeters, kilograms, metric, volume, width, height, length.

Diepte	Depth
Hoogte	Height
Er zijn duizend kilo in een ton	There are a thousand kilos in a ton
Er zijn honderd centimeter in één meter	There are one hundred centimeters in one meter
Er zijn maximaal twintig kilometer	There are twenty kilometres at most
Ik heb een liter wijn	I have one litre of wine
De lengtes van de boten zijn heel verschillend	The lengths of the boats are very different
Nog een centimeter	Another centimeter
Hij eet tonnen vis	He eats tons of fish
Het gezin drinkt meerdere liters melk per week	The family drinks several litres of milk per week
Er is ongeveer een kilometer tussen mijn huis en mijn kantoor	There is about one kilometer between my house and my office
Eet hij een derde van de taart?	He eats one third of the cake?
Hij wil de helft van de taart	He wants half of the cake
Vier is twee keer twee	Four is two times two
Hoeveel weeg je?	What is your weight?
Welke maat is het?	What size is it?
De breedte van de deur is tachtig centimeter	The width of the door is eighty centimeters
De diepte is belangrijk	The depth is important
Wat is jouw maat?	What is your size?
Wil je de helft van mijn appel?	Do you want half of my apple?

Acht is twee keer vier	Eight is two times four
Het is de grootte van een ei	It is the size of an egg
In de volgende kamer	In the next room

TRAININGSTIJD

De kamer heeft de vorm van het vierkant	The room has the shape of the square
Het is allemaal hetzelfde voor mij	It is all the same to me
Wat is de nieuwe snelheid?	What is the new speed?
Mijn kelder bevat drie kubieke meter brandhout	My cellar contains three cubic meters of firewood
Dit zijn de zijkanten	These are the sides
De zijden van een vierkant zijn gelijk	The sides of a square are equal
Het is een roman in twee delen	It is a novel in two volumes
De hoogte van mijn huis is zeven meter	The height of my house is seven metres

VERHAAL MODUS

ENGELS

"How fast does the engine run?" asked Professor Makkonen, the silver-haired engineer, while testing his latest invention on the Elysee bridge.

"Nine- and three-square knots." said his assistant, who was holding a large speedometer.

"What are the height and weight requirements for a depth of eight kilometers below sea level?"

"Four tons and ten feet, sir."

"OK, it's good. Now, how much does it weigh compared to the previous one?" Professor Makkonen asked

"It usually depends on its width and the amount of moisture it contains, and on this point, the two are almost equal; sixty-two to sixty-five pounds," the assistant explained.

"Yes, but it consumes a third of the power of its predecessor, but it also has a greater total distance ninety centimeters to two meters, unlike fifty centimeters to one meter, so there is a difference." said the proffessor.

The assistant took out his notebook and scribbled some figures.

NEDERLANDS

"Hoe snel loopt de motor?" Vroeg professor Makkonen, de zilverharige ingenieur, terwijl hij zijn nieuwste uitvinding testte op de Elysee-brug.

"Negen- en drie-vierkante knopen." Zei zijn assistent, die een grote snelheidsmeter vasthield.

"Wat zijn de hoogte- en gewichtsvereisten voor een diepte van acht kilometer onder zeeniveau?"

"Vier ton en tien voet, mijnheer."

"Oke het is goed. Hoeveel weegt het nu in vergelijking met de vorige?" Vroeg professor Makkonen

"Het hangt meestal af van de breedte en de hoeveelheid vocht die het bevat, en op dit punt zijn de twee bijna gelijk; tweeënzestig tot vijfenzestig pond," legde de assistent uit.

"Ja, maar het verbruikt een derde van het vermogen van zijn voorganger, maar het heeft ook een grotere totale afstand van negentig centimeter tot twee meter, in tegenstelling tot vijftig centimeter tot één meter, dus er is een verschil." Zei de professor.

De assistent pakte zijn notitieboekje en krabbelde een paar cijfers.

Hoofdstuk Negen

MEDISCH

Trefwoorden : Clinic, patients, doctor, health, operation.

De hand	The hand
De neus	The nose
Het oor	The ear
De arm	The arm
Het oog	The eye
Het lichaam	The body
De voet	The foot
De mond	The mouth
De rug	The back
Dit zijn onze hoofden	These are our heads
De dokter	The doctor
Zijn hart is slecht	His heart is bad
Hij vond het moeilijk je te vinden	He had a hard time finding you
Ze zijn ziek	They are sick
Ze heeft een klein hoofd	She has a small head
Dat is mijn hand	That is my hand
Is het slecht of gevaarlijk?	Is it bad or dangerous?
Ze zijn ziek	They are sick
Haar ogen zijn blauw	Her eyes are blue
Hij heeft een grote mond	He has a big mouth
Dat is niet mijn leeftijd	That is not my age
Waarom deze operatie?	Why this operation?
Mijn zoon is klein voor zijn leeftijd	My son is small for his age
Het bloed is rood	The blood is red
Heb ik een operatie nodig?	Do I need an operation?
We gaan te voet werken	We go to work on foot

Toen opende ze haar mond	Then she opened her mouth
Hij heeft twee linkervoeten	He has two left feet
Het is de minimum leeftijd	It is the minimum age
Haar benen zijn lang	Her legs are long
Zijn voorhoofd is groot	His forehead is big
Haar lippen zijn blauw	Her lips are blue
Je gezicht is rood	Your face is red
Ik ruik met mijn neus	I smell with my nose

TRAININGSTIJD

Gezondheid	Health
De hersenen	The brain
De tandarts	The dentist
Het ziekenhuis	The hospital
De nek	The neck
De dokter	The doctor
Haar huid is zacht	Her skin is soft
Ik heb grote vingers, dus ik kan geen klein toetsenbord gebruiken	I have big fingers, so I cannot use a small keyboard
Je voorhoofd is heet	Your forehead is hot
Ze heeft een heel mooi gezicht	She has a very pretty face
Ik heb een pijnlijke been	I have a sore leg
Ik heb een droge huid	I have dry skin
De dame at met haar vingers	The lady ate with her fingers

Ze heeft twee benen	She has two legs
Ik sneed mijn vinger met een mes	I cut my finger with a knife
Zijn huid is koud	His skin is cold
Het kind is tandjes krijgen	The child is teething
Haar ziekte is ernstig	Her illness is serious
Het risico is te groot	The risk is too great
Ik heb tranen in mijn ogen	I have tears in my eyes
Mijn dieet is hard	My diet is hard
Ik voel de wind in mijn nek	I feel the wind on my neck
Eén tand, twee tanden	One tooth, two teeth
Hij is op dieet	He is on a diet
Mijn moeder was in tranen	My mother was in tears

TRAININGSTIJD

Hij verloor zijn zicht	He lost his sight
Zijn borst is rood	His chest is red
Je keel is rood	Your throat is red
Je broer is een dokter	Your brother is a doctor
Zijn oren doen pijn	His ears hurt
Beiden zijn artsen	Both of them are doctors
Ze heeft een virus	She has a virus
Die tijger heeft glanzende vacht	That tiger has shiny fur
Ze is een arts	She is a medical doctor
En de patiënten zijn oud	And the patients are old
Het bot is wit	The bone is white
De hersenen zijn erg gevoelig	The brain is very sensitive
Onze patiënt bevindt zich in dezelfde toestand	Our patient is in the same condition
De geneeskunde doet het slecht	Medicine is doing badly

We kopen medicijnen bij de apotheek	We buy medicine at the pharmacy
Ik heb een goed leven	I have a good life
Het hart is een orgel	The heart is an organ
Ik heb pijn aan mijn schouder	I have pain in my shoulder
Ze gaat haar man raadplegen	She is going to consult her husband
Vroeger waren mijn wangen rood	Before, my cheeks were red
We spraken over ons leven	We spoke about our lives
Je moet je medicijnen nemen	You must take your medication
Ik moet naar de apotheek	I have to go to the pharmacy
Deze verpleegster werkt in die kliniek	This nurse works in that clinic
Sorry voor je enkel	Sorry for your ankle
Mijn nagels zijn kort	My nails are short
Deze spier doet pijn	This muscle hurts
Je groeit terwijl je slaapt	You grow while you sleep
De maag is een orgaan	The stomach is an organ
Ik moet naar een tandarts	I have to see a dentist
Het kind groeit	The child is growing
Ik moet mijn enkels en mijn voeten beschermen	I have to protect my ankles and my feet
Ik denk dat hij verpleegster is geworden	I think he has become a nurse

VERHAAL MODUS

ENGELS

Max: "Why are you out of breath?"

Mia: "I was walking very fast."

Max: "Why, it's not a good idea, considering your injury."

Mia: "I felt a burning sensation in my chest, so I rushed to the pharmacy for self-treatment."

Max: "Oh, but when did you become a doctor? and why not go to the hospital instead?"

Mia: "Because I do not like the smell of hospitals, it irritates my nose and bends my stomach ... Moreover, there are so many patients everywhere, and sometimes I'm afraid that there is a virus in the air."

Max: "I can understand, my uncle continued to say similar things until the operation on his heart last year, he needed a donor organ, but there was none, so now he is dead."

Mia: "You always have a horror story to tell, sorry for your uncle."

Max: "Sorry for your ankle too, and do not worry, everything will be fine, make sure you take your medicine and stay away from the bikes for a while."

NEDERLANDS

Max: "Waarom ben je buiten adem?"

Mia: "Ik liep erg snel."

Max: "Wel, het is geen goed idee, gezien je blessure."

Mia: "Ik voelde een brandend gevoel in mijn borst, dus ik haastte me naar de apotheek voor zelfbehandeling."

Max: "Oh, maar wanneer ben je dokter geworden? en waarom niet in plaats daarvan naar het ziekenhuis gaan?"

Mia: "Omdat ik niet van de geur van ziekenhuizen houd, irriteert het mijn neus en buigt mijn maag ... Bovendien zijn er overal zoveel patiënten en soms ben ik bang dat er een virus in de lucht is."

Max: "Ik begrijp het, mijn oom bleef soortgelijke dingen zeggen tot de operatie aan zijn hart vorig jaar, hij had een donororgaan nodig, maar er was er geen, dus nu is hij dood."

Mia: "Je hebt altijd een horrorverhaal te vertellen, sorry voor je oom."

Max: "Sorry voor je enkel, en maak je geen zorgen, alles komt goed, zorg ervoor dat je je medicijn neemt en een tijdje uit de buurt van de fietsen blijft."

Hoofdstuk Tien

POLITIEK

Trefwoorden: Democracy, president, budget, power, vote, election, mayor, taxes, law, government.

Het leger	The army
De vrijheid	The liberty
De economie	The economy
De overheid	The government
De wet	The law
Elke samenleving heeft zijn wetten	Each society has its laws
Economische ontwikkeling is belangrijk voor dat land	Economic development is important for that country
Dit land is tegen oorlog	This country is against war
Heeft de koning macht?	Does the king have power?
Het is jouw recht	It is your right
Je hebt rechten	You have rights
Hij heeft geen bevoegdheden	He does not have any powers
Dit is niet altijd het geval in alle samenlevingen	This is not always the case in all societies
De president praat met de regering	The president talks to the government
Het is een goede overeenkomst	It is a good agreement
Het feest van het volk	The party of the people
De mensen houden van vrijheid	The people like freedom
Hij is op een feestje	He is in a party
De economische crisis	The economic crisis
De stille revolutie	The quiet revolution
De reden is veiligheid	The reason is security

Is dat gerechtigheid?	Is that justice?
Het beleid	The policies
Ze werkt voor de verdediging van haar land	She works for the defense of her country

TRAININGSTIJD

Het is een beleid	It is a policy
Veiligheid is belangrijk	Safety is important
Ontwikkeling, gerechtigheid, vrijheid	Development, justice, freedom
De minister heeft vanmorgen een grote toespraak gehouden	The minister has made a major speech this morning
Wij zijn de meerderheid	We are the majority
We willen geen geweld	We do not want violence
Het is de grootste oppositiepartij	It is the biggest opposition party
Europese ministers zijn er	European ministers are there
Het is een partij van de oppositie	It is a party of the opposition
Er is bijna geen geweld in dit land	There is almost no violence in this country
De meerderheid is bang	The majority is afraid
Deze dame is in de oppositie	This lady is in the opposition
In die stad is er bijna geen geweld	In that city, there is almost no violence
De kandidaten	The candidates
De organisatie	The organization
De verkiezingen zijn morgen	The election is tomorrow
Ik ga burgemeester worden	I am going to be mayor
Het budget is erg belangrijk	The budget is very important

Ik ben hier om een schuld te betalen	I am here to pay a debt
Het conflict duurt dertig jaar	The conflict lasts thirty years
We hadden een ereschuld	We had a debt of honor
Is hij de burgemeester?	Is he the mayor?
Is het de juiste strategie?	Is it the right strategy?
Wat is een natie?	What is a nation?
De burgemeester bevindt zich in het stadhuis	The mayor is in city hall

TRAININGSTIJD

Dat evenement maakte hem beroemd	That event made him famous
Het is een oorlogsmisdaad	It is a war crime
We moeten belasting betalen	We have to pay tax
De nationale vergadering is in Parijs	The national assembly is in Paris
Ik moet mijn belasting betalen	I have to pay my taxes
De strategieën zullen nationaal zijn	The strategies will be national
Ik kende gelukkiger gebeurtenissen	I had known happier events
De demonstratie is een succes	The demonstration is a success
Er is geen stem	There is no vote
Is hij een senator?	Is he a senator?
Ze is oud genoeg om te stemmen	She is old enough to vote
Wij geloven in democratie	We believe in democracy
Hij heeft veel vrienden in het parlement	He has a lot of friends in the parliament
Italië is een democratie	Italy is a democracy
De demonstratie is begonnen	The demonstration has begun

Het Parlement is machtiger, het moet daarom meer verantwoordelijk zijn	Parliament is more powerful, it must therefore be more responsible
Dit is de stem van de meerderheid	This is the vote of the majority
Hij is een senator	He is a senator
Ze dirigeert	She conducts
We moeten vechten voor onze vrijheid	We have to fight for our freedom
Ze runt haar familie	She runs her family
Hij gaat naar Parijs	He is heading for Paris
Ik kan niet alleen tegen de politiek van de burgemeester vechten	I cannot fight against the mayor's politics all alone
Hij beheert een restaurant en wordt door iedereen gerespecteerd	He manages a restaurant and is respected by all

TRAININGSTIJD

VERHAAL MODUS

ENGELS

"I have never been able to understand the monarchy system of government."said Max. "Why is there at the same time a king, a prime minister and a president? Does the king have special powers or is he above the law?"

"I do not really understand myself, but I guess the monarch's role is to be the physical manifestation of a country's power, all the work is done by the prime minister or the president." said Mia.

"Speaking of presidents, America has a new one." he said, brandishing a baseball cap with the letters M.A.S.A sewn on it.

"The man has nothing to offer as president, he has no respect for women, and there is no proof that he pays his taxes, he is simply a danger to society." said Mia.

"Yesterday's election was rigged, and if there is justice in this world, it would already be canceled."

"I do not agree, he just had a better strategy." said Max. "I believe in democracy, which puts power in the votes of the people. The results are the voices of popular opinion. America now has a new direction, which is a revolution against the status quo."

NEDERLANDS

"Ik heb nooit het monarchiesysteem van de overheid kunnen begrijpen." Zei Max. "Waarom is er tegelijkertijd een koning, een premier en een president? Heeft de koning speciale bevoegdheden of staat hij boven de wet?"

"Ik begrijp mezelf niet echt, maar ik denk dat de rol van de vorst is om de fysieke manifestatie van de macht van een land te zijn, al het werk wordt gedaan door de premier of de president." Zei Mia.

'Over presidenten gesproken, Amerika heeft een nieuwe.' Zei hij, zwaaiend met een baseballpet met de letters M.A.S.A erop genaaid.

"De man heeft niets te bieden als president, hij heeft geen respect voor vrouwen, en er is geen bewijs dat hij zijn belastingen betaalt, hij is gewoon een gevaar voor de samenleving." Zei Mia.

"De verkiezingen van gisteren waren opgetuigd, en als er gerechtigheid is in deze wereld, zou het al zijn afgelast."

"Ik ben het er niet mee eens, hij had gewoon een betere strategie." Zei Max. "Ik geloof in democratie, die macht in de stemmen van het volk plaatst. De resultaten zijn de stemmen van de publieke opinie. Amerika heeft nu een nieuwe richting, wat een revolutie is tegen de status-quo. "

Hoofdstuk Elf

ONDERWIJS

Trefwoorden : Semester, course, school, pencil, lessons, studies, university, school, students.

De student	The student
De school	The school
De bibliotheek	The library
De regisseur	The director
Ik ben in de klas	I am in the class
Deze cursus is erg moeilijk	This course is very difficult
Deze studie is erg belangrijk	This study is very important
Hij werkt in het onderwijs	He works in education
De kinderen zijn goede studenten	The children are good students
Hij hield niet van school	He has not liked school
Hij moet zijn studie afmaken	He needs to complete his studies
De studenten drinken wijn	The students are drinking wine
Ik moet studeren	I have to study
Mijn zoon zit op de middelbare school	My son is in secondary school
Ze gaat naar twee universiteiten	She goes to two universities
Een echte intellectuele oefening	A true intellectual exercise
Dit is een goede bibliotheek	This is a good library
Ik ben een student geweest	I have been a student
Sommige studenten drinken wijn	Some students drink wine
Mijn broer is een student	My brother is a student

Mijn plan is om in Australië te studeren	My plan is to study in Australia
We schrijven scripts	We write scripts
Ik ben mijn potlood kwijt	I have lost my pencil
We hebben zes lessen per dag	We have six lessons per day
De poging is goed	The attempt is good

TRAININGSTIJD

De cursus	The course
Hij heeft een klassieke training gehad	He has had a classical training
Dit is haar beschrijving	This is her description
Het is zijn eerste semester	It is his first semester
Hij verbetert zijn lijnen	He is improving his lines
De tweede les is heel eenvoudig	The second lesson is very easy
Er zijn dertig potloden en tien kinderen	There are thirty pencils and ten children
De ober is een beginner	The waiter is a beginner
Uiteindelijk ben ik geslaagd voor het examen	Finally, I passed the exam

VERHAAL MODUS

ENGELS

Markus: "In a way, I knew I would find you in the library."

Mia: "I have to be here. For an extra credit, I signed up for an application development course, which means I have to go through a recommended text called" Application Development Principles "and take a test this week."

Markus: "I see, it's good for you. But i'm tired of school, and it's very likely that I will not go to the next class."

Mia: "We are no longer in high school; every lesson must be taken seriously."

Markus: "Or what?"

Mia: "Is it not obvious? or you'll fail."

Markus: "To be honest, I prefer to run the family business, but my father insists that I have to finish my studies first. Contemporary university education is not very important to me, so I'm really not afraid of an F."

Mia: "I understand where you come from, but I do not agree with your point of view on the value of education: education is the key to developing a society, so it must be taken seriously."

Markus: "In zekere zin wist ik dat ik je in de bibliotheek zou vinden."

NEDERLANDS

Mia: "Ik moet hier zijn. Voor een extra tegoed heb ik me aangemeld voor een cursus voor applicatie-ontwikkeling, wat betekent dat ik de aanbevolen tekst "Application Development Principles" moet doornemen en deze week een test moet doen."

Markus: "Ik begrijp het, het is goed voor je. Maar ik ben de school beu en het is zeer waarschijnlijk dat ik niet naar de volgende klas ga."

Mia: "We zitten niet meer op de middelbare school; elke les moet serieus worden genomen."

Markus: "Of wat?"

Mia: "Is het niet duidelijk? of je zult falen."

Markus: "Eerlijk gezegd geef ik er de voorkeur aan het familiebedrijf te leiden, maar mijn vader staat erop dat ik eerst mijn studie moet afmaken. Hedendaags universitair onderwijs is niet erg belangrijk voor me, dus ik ben echt niet bang voor een F."

Mia: "Ik begrijp waar je vandaan komt, maar ik ben het niet eens met je standpunt over de waarde van onderwijs: onderwijs is de sleutel tot de ontwikkeling van een samenleving, dus het moet serieus worden genomen."

Hoofdstuk Twaalf

IMPERATIEVEN

Trefwoorden : Stop, forget, take, listen, speak, change, shut up, do, look, write, send.

Gaan	Go
Stel je voor dat je gelijk hebt	Imagine that you are right
Maak niet zo veel lawaai	Do not make so much noise
Niet fotograferen voor mijn bestelling	Do not shoot before my order
Zie dit probleem als een kans	Look at this issue as an opportunity
Laten we wandelen	Let's walk
Niet schieten	Don't shoot
Vervang de schijf	Change the disc
Maak de broodjes	Make the sandwiches
Stel je voor dat je twintig jaar oud bent	Imagine that you are twenty years old
Naar het park gaan	Go to the park
Laten we een salade maken	Let's make a salad
Leg de roman op tafel	Put the novel on the table
Kies het een of het ander	Choose one or the other
Kom wanneer je wil	Come whenever you want
Kijk wat je deed	Look what you did
Stuur ze wat was gepland	Send them what was planned
Vergeet dat meisje	Forget that girl
Laat het me uitleggen	Let me explain
Stuur me een bericht vanavond	Send me a message tonight
Kijk naar de volgende pagina	Look at the next page
Kom hier niet	Do not come here

Zet je hoed op, mijn zoon	Put on your hat my son
Kies een bord	Choose a plate
Laat ons alstublieft een laatste woord zeggen	Please let us say a last word

TRAININGSTIJD

Hou op	Stop
Wees niet ongelukkig	Don't be unhappy
Eet minder brood	Eat less bread
Luister naar jezelf	Listen to yourself
Laten we thee drinken	Let's drink tea
Ren, je bent laat	Run, you are late
Ga tien stappen vooruit	Go forward ten steps
Eet de aardbeien	Eat the strawberries
Laten we sterk zijn	Let's be strong
Luister mijn vriend	Listen my friend
Drink je melk, mijn zoon	Drink your milk, my son
Kijk niet zo naar me	Stop looking at me like that
Ga door, het licht is groen	Go on, the light is green
Wees stil als ik spreek	Be quiet when I speak
Geef me dat papier	Give me that paper
Neem wat van jou is	Take what belongs to you
Schrijf hier je adres	Write your address here
Vertel me, ben je verliefd?	Tell me, are you in love?
Excuseer ons dat we te laat zijn	Excuse us for being late
Lees zo'n boek niet	Do not read such a book

VERHAAL MODUS

ENGELS

Markus: "Excuse me, I missed the first train and I had to catch another one, besides, I do not think the first five minutes count a lot".

Maria: "Next time, I'll start alone."

Markus: "I understand, I'll compensate you."

Maria: "Definitely, choose from this list and tell me how you want to start."

1. Wash our dishes for a week.

2. Remain silent for one hour.

3. Write an essay that explains why you will never be late again.

4. Buy me The Simple Way To Learn Spanish, volume two.

5. Forget about television for a week.

6. Run three times a week with me.

7. Give me all your monthly income.

8. Send me a text message that says 'Hi, I love you' every day, until the end of the month.

9. Let me play all your free throws every time you play NBA with Patricio.

NEDERLANDS

Markus: "Pardon, ik miste de eerste trein en ik moest er nog een nemen, trouwens, ik denk niet dat de eerste vijf minuten veel tellen."

Maria: "De volgende keer begin ik alleen."

Markus: "Ik begrijp het, ik zal je compenseren."

Maria: "Zeker, kies uit deze lijst en vertel me hoe je wilt beginnen."

1. Was onze vaat voor een week.

2. Blijf één uur stil.

3. Schrijf een essay waarin wordt uitgelegd waarom je nooit meer te laat komt.

4. Koop me De eenvoudige manier om Spaans te leren, deel twee.

5. Vergeet televisie voor een week.

6. Ren drie keer per week met me mee.

7. Geef me al je maandelijkse inkomsten.

8. Stuur me elke dag een sms met de tekst 'Hallo, ik hou van je' tot het einde van de maand.

9. Laat me al je vrije worpen spelen telkens wanneer je NBA met Patricio speelt.

Hoofdstuk Dertien

WETENSCHAP

Trefwoorden: Technology, calculations, invention, analysis, formula, research, matter, theory.

De cirkel	The circle
De atmosfeer	The atmosphere
Ik heb een ontdekking gedaan	I made a discovery
Ik ben online	I am online
De grondstof is zeldzaam	The raw material is rare
De zoekopdracht is wereldwijd	The search is global
Het is niet mijn sterke punt	It is not my strong point
De energie komt van de zon	The energy comes from the sun
In theorie wel	In theory, Yes
De functie van deze apparatuur is eenvoudig	The function of this equipment is simple
Hoe zijn de lijnen?	How are the lines?
Ik heb een shirt met zwarte en witte stippen	I have a shirt with black and white dots
Dit is een grote hoeveelheid energie	This is a large quantity of energy
Ik hou van de natuurwetenschappen	I like the physical sciences
U kunt de formule uitleggen	You can explain the formula
Ze begint de analyse	She starts the analysis
Ik hou niet van jouw methodes	I do not like your methods
Hun analyses zijn goed	Their analyses are good
Wetenschap is belangrijk	Science is important
Deze methode biedt twee voordelen	This method offers two advantages

Het is de formule van dit medicijn	It is the formula of this medicine
Wetenschap is niet perfect	Science is not perfect
De analyse gebeurt in twee fasen	The analysis is done in two stages

TRAININGSTIJD

De temperatuur daalt	The temperature drops
Het is een kwestie van schaal	It is a question of scale
De cirkel is rood	The circle is red
De wetenschapper	The scientist
Ze kent haar grenzen	She knows her limits
Het is vanavond drie graden	It is three degrees this evening
Het is geen uitvinding	It is not an invention
Ik moet het weten	I must know it
De straal van de cirkel	The radius of the circle
Hij houdt niet van wiskunde	He does not like mathematics

VERHAAL MODUS

ENGELS

J.D Moneyfella: "Is it going to work this time? It does not seem possible to me."

Professor Makkonen: "To a certain extent, yes."

J.D Moneyfella: "And do you believe that your invention will help to reach it?"

Professor Makkonen: "Sir, nothing is impossible with science, I think we have the right technology now, according to my calculations, we will also need raw materials, as described in the research paper."

J.D Moneyfella: "I do not doubt the extent of your knowledge, but so far, all we have done is circulate the problem. We are where we started. At this point, it is safe to say that there are limits to our understanding of the subject, even for you."

Professor Makkonen: "On the contrary, sir, this formula suggests that there could be many other ways to explore it."

J.D Moneyfella: "Mathematics does not interest me, Professor, it will never be the case."

NEDERLANDS

J.D Moneyfella: "Gaat het deze keer werken? Het lijkt mij niet mogelijk."

Professor Makkonen: "Tot op zekere hoogte, ja."

J.D Moneyfella: "En geloof je dat je uitvinding zal helpen om het te bereiken?"

Professor Makkonen: "Mijnheer, niets is onmogelijk met de wetenschap, ik denk dat we nu de juiste technologie hebben, volgens mijn berekeningen hebben we ook grondstoffen nodig, zoals beschreven in het onderzoekspaper."

J.D Moneyfella: "Ik twijfel niet aan de omvang van je kennis, maar tot nu toe hebben we het probleem alleen maar rondgedeeld. We zijn waar we zijn begonnen. Op dit punt is het veilig om te zeggen dat er grenzen zijn aan ons begrip van het onderwerp, zelfs voor jou."

Professor Makkonen: "Integendeel, mijnheer, deze formule suggereert dat er veel andere manieren zijn om het te verkennen."

J.D Moneyfella: "Wiskunde interesseert me niet, professor, dat zal nooit het geval zijn."

Hoofdstuk Viertien

VERVOER

Trefwoorden: Flight, bus, ticket, passport, station, airport, metro, plane, motorcycle, train, travel, boat.

De bus	The bus
De taxi	The taxi
Het station	The station
Het vliegtuig	The airplane
De trein	The train
De motorfiets	The motorcycle
De gids	The guide
De metro	The subway
De motor	The motor
Een luchthaven	An airport
Het paspoort	The passport
Goede reis	Have a good trip
De boot gaat de rivier af	The boat goes down the river
Waar gaat deze trein heen?	Where is this train going?
De auto heeft een nieuwe motor	The car has a new engine
Waar is de trein naar Londen?	Where is the train to London?
Drie klassen boten	Three classes of boats
Waar is het station?	Where is the station?
De reis is lang?	The trip is long?
Een paar boten zijn op het meer	A few boats are on the lake
Ik vlieg	I fly
Kan jij rijden?	Do you know how to drive?
Waar zijn mijn vleugels	Where are my wings?
De motorfiets is geel	The motorcycle is yellow

Ik loop vanaf het vliegveld	I walk from the airport
Mijn vliegtuig vliegt naar Frankrijk	My plane is flying to France
De vijanden vliegen over het landschap	The enemies fly over the landscape
Ik hou van het Afrikaanse klimaat	I like the African climate
Azië is een continent	Asia is a continent

TRAININGSTIJD

Ik spreek Spaans	I speak Spanish
De benzine is voor mijn auto	The petrol is for my car
Een auto heeft een stuurwiel	A car has a steering wheel
Het is een gratis kaartje	It is a free ticket
Waar is de bus naar Stratford?	Where is the bus to Stratford?
De vrouw spreekt frans	The woman speaks French
Vervang de band van uw auto!	Change the tire of your car!
De toeristen bezoeken het museum	The tourists visit the museum
Zij zijn de passagiers van de bus	They are the passengers of the bus
Je bezoekt me niet	You do not visit me
Heb je je paspoort?	Do you have your passport?
De toerist heeft een blauwe koffer	The tourist has a blue suitcase
Italianen drinken wijn bij het eten	Italians drink wine with their dinner
Wij zijn de passagiers	We are the passengers
Hij is aan het rijden	He is driving
Je reis begint hier	Your journey starts here
De verpleegster parkeert haar auto	The nurse is parking her car

Hij heeft een auto-ongeluk	He has a car accident
We waren te laat vanwege het verkeer	We were late because of the traffic
Sinds wanneer rijden we?	Since when do we drive?
Dus versnellen of vertragen we?	So, do we speed up or slow down?
Je bent niet in deze wereld	You are not in this world
Ik ben snel	I am fast
Is het een directe trein?	Is it a direct train?
Het is gevaarlijk om hier te versnellen	It is dangerous to accelerate here
Je moet langzamer gaan als het licht oranje is	You have to slow down when the light is orange
We zijn snel geweest	We have been fast

VERHAAL MODUS

ENGELS

Stefan: "What are you doing with the car keys?"

Pietro: "I want to change the tires of the car and examine the engine. My brother and I will go to Marseille Provence airport later today."

Stefan: "Where are you travelling to?"

Pietro: "Caen."

Stefan: "Why do you need a flight? it will take only a few hours of driving. Transportation is cheaper by road than by plane, unless you just want to burn francs."

Pietro: "I know this. Ideally, I would have liked to go on my bike, or bus, but the traffic is very difficult in the morning, and I would like to get there sooner. In addition, like other passengers on board, I can afford it."

Stefan: "I think it's a waste of money. I used to fly to London from Italy frequently, but I would never have spent such an amount at a distance like this. If it's the speed and the price you prefer, I'll say go with the trains."

Pietro: "I'm tempted not to take your advice after what happened with the exams, but you've always delivered, and I personally love trains. Especially the Eurostar trains."

NEDERLANDS

Stefan: "Wat doe je met de autosleutels?"

Pietro: "Ik wil de banden van de auto verwisselen en de motor onderzoeken. Mijn broer en ik gaan later vandaag naar de luchthaven Marseille Provence."

Stefan: "Waar ga je naartoe?"

Pietro: "Caen."

Stefan: "Waarom heb je een vlucht nodig? het duurt maar een paar uur rijden. Vervoer is goedkoper over de weg dan per vliegtuig, tenzij je gewoon frank wilt verbranden. "

Pietro: "Ik weet dit. In het ideale geval had ik graag op mijn fiets of bus willen gaan, maar het verkeer is 's ochtends erg moeilijk en ik zou er eerder willen komen. Bovendien kan ik het, net als andere passagiers aan boord, betalen. '

Stefan: "Ik vind het zonde van het geld. Ik vloog vaak vanuit Italië naar Londen, maar ik zou nooit zo'n bedrag op zo'n afstand hebben doorgebracht. Als het de snelheid en de prijs is die je verkiest, zeg ik: ga met de treinen. '

Pietro: "Ik kom in de verleiding om je advies niet op te volgen na wat er met de examens is gebeurd, maar je hebt altijd afgeleverd en ik hou persoonlijk van treinen. Vooral de Eurostar-treinen. "

Hoofdstuk Vijftien

ECONOMIE

Trefwoorden: Boss, investment, market, salary, cash, consumers, workers, factory.

Contant geld	Cash
Marko is onze manager	Marko is our manager
Ze kwamen als handarbeiders	They came as manual workers
Ze werkt in het toerisme	She works in tourism
Deze auto's zijn zuinig	These cars are economical
Wat is de prijs?	What is the price?
Ze heeft een bankrekening	She has a bank account
De visconsumptie is nog steeds sterk	Fish consumption is still strong
We hebben van deze ervaring geprofiteerd	We have profited from this experience
Dat is een goede prijs voor de schrijver	That is a good prize for the writer
We hebben hier geen vrouwelijke werknemers	We do not have female workers here
Dit bedrijf maakt veel winst	This company makes a lot of profit
Het is een belangrijk contract voor die industrie	It is an important contract for that industry
Dit product is te koop	This product is for sale
Deze heer heeft veel kapitaal	This gentleman has a lot of capital
Mijn oom is een werknemer	My uncle is an employee

De arbeiders gaan auto's bouwen	The workers are going to build cars
Hier is je wisselgeld	Here is your change
Ik schrijf de contracten	I write the contracts
De omzet stijgt	Sales are increasing
Gelukkige werknemers zijn goede werknemers	Happy employees are good employees
Al die industrieën zijn nu verdwenen	All those industries have now disappeared
Deze dames zijn modelwerknemers	These ladies are model employees
We gaan winst maken	We are going to make profits
Ik wil graag een auto huren	I would like to rent a car
Ze ontvangt een goed salaris	She receives a good salary
We moeten minder consumeren	We must consume less

TRAININGSTIJD

Industrieel ontwerp	Industrial design
De beurs van Parijs	The Paris Stock Exchange
We hebben één kamer te huur	We have one room for rent
De winst is klein	The profit is small
Hij werkt op de beurs	He works at the stock exchange
Hij verdient twee keer mijn salaris	He earns twice my salary
Dit is een industriële stad	This is an industrial city
We gaan winst maken	We are going to make profits
Salarissen worden aan het einde van de maand uitbetaald	Salaries are paid at the end of the month

Het voordeel is klein	The benefit is small
Waar is mijn creditcard?	Where is my credit card?
Ik heb werk voor je	I have a job for you
De vakbond is nationaal	The union is national
Ze neemt mensen aan	She is hiring people
Ze heeft een enorm fortuin	She has an enormous fortune
De baas heeft werknemers in dienst	The boss employs workers
Concurrentie is niet puur noch perfect	Competition is neither pure nor perfect
De vakbonden weten het	The unions know it
Ze heeft drie leningen om haar huis te betalen	She has three loans to pay for her house
Wij huren vooral in het voorjaar	We hire especially in the spring
De baas is de eigenaar van de fabriek	The boss is the owner of the factory
De prijs staat op de rekening	The price is on the bill
Het is mijn bestelling	It is my order
Die consumenten zijn rijk	Those consumers are rich
Je ziet de markten	You see the markets

TRAININGSTIJD

Het is een belangrijke investering	It is an important investment
Het management van dit bedrijf is moeilijk	The management of this company is difficult
De markt vraagt om meer	The market asks for more
De consument is koning	The consumer is king
Niettemin is hun eigenaar Amerikaans	Nevertheless, their owner is American
Waar zijn je spullen	Where are your things?
Service is inbegrepen	Service is included
Ik moet zijn aanbod accepteren	I have to accept his offer
Het staat in hun reclame	It is in their advertising
De investeringen dalen	The investments are falling
De productie van koffie is belangrijk in dit land	The production of coffee is important in this country
Ze maakt een zakenreis	She is making a business trip
Ze werkt voor de Franse geheime diensten	She is working for the French secret services
Het is een goede deal	It is a good deal
Die productie duurt tussen de drie en vier maanden	That production takes between three and four months
Het kaartje kost honderd euro	The ticket costs a hundred euros
De jas is duur maar het is zijn prijs waard	The coat is expensive but it is worth its price
Wat is de exacte waarde ervan?	What is its exact value?
Ik heb vijf dollar in mijn zak	I have five dollars in my pocket
Het is een mooie zwarte lederen tas	It is a lovely black leather purse

Dit is een dollar	This is a dollar
Het is echter te duur	However, it is too expensive
Het kost tijd, maar de resultaten zijn de moeite waard	It takes time, but the results are worth the effort
Mijn schoenen zijn duur	My shoes are expensive
De dameshoeden zijn duur	The women's hats are expensive
Heb je goedkopere auto's?	Do you have cheaper cars?
Ze heeft tachtig euro	She has eighty euros
Vriendschap is een vaste waarde	Friendship is a solid value
Ik heb elf euro op zak	I have eleven euros in my pocket
Die foto is miljoenen waard	That photo is worth millions
De linkerkolom is leeg	The left column is empty
Hij runt een bedrijf	He runs a company
Mijn neef is werkloos	My cousin is unemployed
Deze sector groeit	This sector is growing
Heb je contant geld?	Do you have cash?
Dit tarief ligt boven het nationale tarief	This rate is above the national rate
Ik heb tien verschillende bedrijven	I have ten different companies
De tabel bevat vier kolommen en acht rijen	The table contains four columns and eight rows

VERHAAL MODUS

ENGELS

Mr. Harcourt: "Here is your money, keep the change."

Michele: "Thank you, Mr. Harcourt, it's quite generous, but it exceeds my initial cost."

Mr. Harcourt: "Do not bother, I loved your job and I saw your car outside, in this economy, we need all the help we can, consider it a small loan."

Michele: "I am very grateful, sir, I knew it was an important investment for you and I had to give the best of myself."

Mr. Harcourt: "I know, that's why I have another job for you, if you're interested."

Michele: "Everything for the boss, I'm all ears."

Mr. Harcourt: "All the details are in this file: the room is for rent, the product is for sale and the prices are indicated on the invoice, what I just paid you is the salary offered if you accept work."

Michele: "Thank you for the offer sir, but it's too much for me, and I'm not sure I can handle three jobs, but I have a cousin who is often unemployed. He is currently working in a factory near the city."

NEDERLANDS

De heer Harcourt: "Hier is uw geld, houd het wisselgeld."

Michele: "Dank u, mijnheer Harcourt, het is vrij gul, maar het overschrijdt mijn initiële kosten."

De heer Harcourt: "Doe geen moeite, ik hield van je werk en ik zag je auto buiten, in deze economie hebben we alle hulp nodig die we kunnen, beschouwen het als een kleine lening."

Michele: "Ik ben zeer dankbaar, mijnheer, ik wist dat het een belangrijke investering voor u was en ik moest het beste van mezelf geven."

De heer Harcourt: "Ik weet het, daarom heb ik een andere baan voor u, als u geïnteresseerd bent."

Michele: "Alles voor de baas, ik ben een en al oor."

De heer Harcourt: "Alle details staan in dit bestand: de kamer is te huur, het product is te koop en de prijzen staan vermeld op de factuur, wat ik u net heb betaald is het aangeboden salaris als u werk accepteert."

Michele: "Bedankt voor het aanbod, mijnheer, maar het is mij teveel en ik weet niet zeker of ik drie banen aankan, maar ik heb een neef die vaak werkloos is. Hij werkt momenteel in een fabriek in de buurt van de stad."

Hoofdstuk Zestien

SPORTEN

Trefwoorden : Strike, ball, stadiums, sport, equipment, gym, champion, run, player, swim, golf, coach, goal, leisure.

De bal	The ball
De speler	The player
Het doel	The goal
De sport	The sport
De teams	The teams
Een ploeg	A team
Een fiets	A bicycle
Dans	Dance
Ik sloeg de bal	I hit the ball
Ga vanavond niet naar het stadion	Do not go to the stadium tonight
Ze houden van rennen	They like running
Ze raakt de rode bal	She hits the red ball
ik hou van sport	I like sports
Onze dochter neemt danslessen	Our daughter takes dance lessons
Ik ben in het stadion	I am at the stadium
Het is een bal	It is a ball
Hij laat ons zwemmen	He lets us swim
Hij speelt voetbal	He is playing soccer
Mijn vriend laat haar zoon rennen	My friend lets her son run
Hij is kampioen van Frankrijk	He is champion of France
De fietsen zijn nieuw	The bicycles are new
Alle spelers waren daar	All the players were there
Dit team heeft goede spelers	This team has good players
Mijn broer gebruikt die fiets	My brother is using that bicycle
Is hij een slechte speler?	Is he a bad player?

Michele weet hoe te zwemmen	Michele knows how to swim

TRAININGSTIJD

Zijn vader speelt geen golf	His father does not play golf
Ze spelen in het gymnasium	They play in the gymnasium
De wedstrijd was eenvoudig	The match has been easy
Speel je geen tennis?	You do not play tennis?
We hebben de concurrentie verloren	We lost the competition
Wat zijn je hobbies?	What are your hobbies?
Het is een voetbal	It is a football
Vogels kijken is een leuke hobby	Watching birds is a nice hobby
Hij heeft de bal	He has the ball
Zijn ze in de sportschool?	Are they at the gym?
Hij speelt golf	He plays golf
Ik ging wandelen	I went for a walk
Ik ben onmogelijk te verslaan	I am impossible to beat
Ze hebben een doelpunt gescoord	They have scored a goal
Ik moet de bal gooien	I have to throw the ball
Ik ben je coach	I am your coach
Mooi schot	Nice shot

VERHAAL MODUS

ENGELS

Lucas: "Hallo Justen, hoe gaat het vandaag, je ziet er heel levendig uit."

Justen: "Eigenlijk niet slecht, ik ben erg enthousiast over de wedstrijd, ik kan niet wachten op de aftrap, en jij?"

Lucas: "Eigenlijk weet ik niets over voetbal, ik ken alleen Messi en Ronaldo, de enige balsport die ik kan spelen is golf, en ik probeer gewoon een extra hobby te krijgen door hier vandaag te komen."

Justen: "Het is verrassend, ik had trouwens nooit geraden hoe je in vorm bent? Ik heb je nog nooit in de sportschool gezien."

Lucas: "Het is gemakkelijk, tegenwoordig ga ik naar school met mijn fiets in plaats van mijn auto, zwem ik, loop ik en loop ik 's avonds als het mooi weer is."

Justen: "Ik zie, als iemand het vraagt, Frankrijk de huidige wereldkampioen voetbal is en dit stadion heet de Allianz Arena.

Bovendien vindt de wedstrijd plaats tussen twee teams, Bayern München en Borussia Dortmund. We zullen Bayern ondersteunen. Zij zijn de rode."

Lucas: "Is het andere team goed?"

Justen: "Ze zijn echt moeilijk te verslaan, dankzij hun nieuwe coach en hun nieuwe tactiek."

NEDERLANDS

Lucas: "Hello Justen, how are you today, you look very lively."

Justen: "Not bad actually, I'm very excited for the match, I can not wait for the kickoff, and you?"

Lucas: "In truth, I do not know anything about football, I only know Messi and Ronaldo, the only ball sport I can play is golf, and I'm just trying to get an extra hobby by coming here today."

Justen: "It's surprising, I never would have guessed, by the way, how are you in shape? I've never seen you at the gym."

Lucas: "It's easy, these days, I go to school with my bike instead of my car, I swim, I run and I walk in the evening when the weather is nice."

Justen: "I see, if anyone asks, France is the current world champion of football, and this stadium is called the Allianz Arena.

In addition, the match takes place between two teams, Bayern Munich and Borussia Dortmund. We will support Bayern. They are the reds."

Lucas: "Is the other team good?"

Justen: "They are really hard to beat, thanks to their new coach and their new tactics."

Hoofdstuk Zeventien

SPIRITUALITEIT

Trefwoorden: Spirit, gods, ghosts.

De filosofie	The philosophy
De kerken	The churches
De Heilige Geest	The holy spirit
goden	Gods
Mijn God!	My God!
Is er leven na de dood?	Is there life after death?
Je hebt een mooie geest	You have a beautiful mind
Ze heeft geen religie	She has no religion
Ik had vertrouwen	I had faith
Haar ziel is in de hemel	Her soul is in heaven
U bent een engel	You are an angel
Godzijdank	Thank God
Niemand kan de dood vermijden	Nobody can avoid death
ik heb vertrouwen in jou	I have faith in you
Wat is jouw religie?	What is your religion?
Hij is niet religieus	He is not religious
Waar kunnen we op hopen?	What can we hope for?
Waar is de hemel	Where is heaven?
Hij gaat naar de hel	He is going to hell
Ze gelooft in geesten	She believes in ghosts
Het is een heilig object	It is a holy object
Ze zal naar de hel gaan	She will go to hell
Het is de stad van kerken	It is the city of churches
Het is een mooie kerk	It is a lovely church

VERHAAL MODUS

ENGELS

"May his soul rest in perfect peace." said the preacher.

"You see my dear brothers, no matter how intelligent, strong, handsome or rich, the truth is that we will all face death when our time comes.

The dominant question then becomes 'Where do you think you will end up after death?' For those of us who belong to the Christian religion, we trust in the grace of our Lord and Savior, Jesus Christ.

We believe he will lead us to heaven when we die, as long as we embody his heavenly values, and keep the commandments of his father, our father, Jehovah. Others believe in reincarnation, or the idea that we return to this world in another body after death."

"My God, Lucas, let's respect the dead, stop playing with your phone and listen to the preacher!" said the elderly lady in a silent tone.

"Oh, Madame Valeria, I'm sure the deceased's ghost would not bother me if I checked some emails." Lucas replied, his eyes still stuck on the phone screen.

"You speak like a pagan." said Madame Valeria.

NEDERLANDS

"Moge zijn ziel in volmaakte vrede rusten." Zei de prediker.

"Zie je mijn geliefde broeders, hoe intelligent, sterk, knap of rijk ook, de waarheid is dat we allemaal de dood onder ogen zullen zien wanneer onze tijd komt.

De dominante vraag wordt dan: 'Waar denk je dat je na de dood zult eindigen?' Voor degenen onder ons die tot de christelijke religie behoren, vertrouwen we op de genade van onze Heer en Heiland, Jezus Christus.

We geloven dat hij ons naar de hemel zal leiden als we sterven, zolang we zijn hemelse waarden belichamen en de geboden van zijn vader, onze vader, Jehovah, onderhouden. Anderen geloven in reïncarnatie, of het idee dat we na de dood in een ander lichaam naar deze wereld terugkeren."

"Mijn God, Lucas, laten we de doden respecteren, stop met spelen met je telefoon en luister naar de prediker!" Zei de oudere dame op een stille toon.

"Oh, mevrouw Valeria, ik weet zeker dat de geest van de overledene me niet zou storen als ik wat e-mails checkte." Antwoordde Lucas, zijn ogen nog steeds vast op het telefoonscherm.

"Je spreekt als een heiden." Zei Madame Valeria.

Hoofdstuk Acht
FLIRTING

Trefwoorden : Lovely, warm, go out, model, like.

Wat is je naam?	What's your name?
Ik vind je leuk	I like you
Bent u een model?	Are you a model?
Jij komt hier vaak?	You come here often?
Wil je met me dansen?	Do you want to dance with me?
Gaan we naar jouw huis of dat van mij?	Are we going to your place or mine?
Hallo! Prins op het witte paard	Hello! Prince Charming
Wil je met me uitgaan?	Do you want to go out with me?
Kan ik je iets te drinken aanbieden?	Can I buy you a drink?
Wil je wat gaan drinken?	Would you like to go get a drink?
Hallo schoonheid	Hello beautiful
Is het hier warm, of ben jij dat?	Is it hot in here, or is that just you?

TRAININGSTIJD

VERHAAL MODUS

ENGELS

Maarten: "I like the way this dress looks on you, are you a model?"

Lisa: "Unfortunately, no, but I can be a model if you prefer."

Maarten: "I think I already like you."

Lisa: "Thanks, I think I like you too."

Maarten: "That's great, can I buy you a drink then?"

Lisa: "Of course, go for it."

Two glasses of tequila are ordered

Maarten: "So what's your name?"

Lisa: "Liz."

Maarten: "Nice to meet you Elizabeth, do you come here often?"

Lisa: "Not really, and its really Melissa or Melissande in full, but I'm fine, I guess."

Maarten: "Forgive my mistake … Maybe I was just confused by your beautiful smile, do you want to dance with me Liz?"

Lisa: "I would, but I'm not really a great dancer, and hip hop is not really my kind of music, I like electronic music."

NEDERLANDS

Maarten: "Ik hou van de manier waarop deze jurk op je staat, ben je een model?"
Lisa: "Helaas, nee, maar ik kan een model zijn als je dat liever hebt."
Maarten: "Ik denk dat ik je al leuk vind."
Lisa: "Bedankt, ik denk dat ik jou ook leuk vind."
Maarten: "Dat is geweldig, kan ik je dan iets te drinken aanbieden?"
Lisa: "Natuurlijk, ga ervoor."

* Twee glazen tequila zijn besteld *

Maarten: "Dus wat is je naam?"
Lisa: "Liz."
Maarten: "Leuk je te ontmoeten Elizabeth, kom je hier vaak?"
Lisa: "Niet echt, en het is echt helemaal Melissa of Melissande, maar het gaat prima, denk ik."
Maarten: "Vergeef mijn fout ... Misschien was ik gewoon in de war door je mooie glimlach, wil je met me dansen Liz?"
Lisa: "Dat zou ik doen, maar ik ben niet echt een geweldige danser, en hiphop is niet echt mijn soort muziek, ik hou van elektronische muziek."

Hoofdstuk Nineteen

IDIOMEN

Trefwoorden: Eggs, saves, things, must, them, two.

Niets duurt eeuwig	Nothing lasts forever
Zo gewonnen zo geronnen	Easy come, easy go
Heeft me niet eens pijn gedaan	Did not even hurt me
Uit het oog uit het hart	Out of sight, out of mind
Het gras is altijd groener aan de andere kant	The grass is always greener on the other side
Ze gaat winnen met haar vingers in haar neus	She is going to win with her fingers in her nose
Dit kind weet niet hoe hij zijn mond moet houden	This child does not know how to hold his tongue
Niet teveel wijn, alleen een druppel alstublieft	Not too much wine, only a drop please
Weer aan, weer uit	On again, Off again
Als je in Rome bent gedraag je als de Romeinen	When in Rome, do as the Romans do
Alle goede dingen eindigen	All good things come to an end
De vroege vogel vangt de worm	The early bird catches the worm
Bedelaars kunnen geen kiezers zijn	Beggars can't be choosers
Haast maakt afval	Haste makes waste
Je leeft maar een keer	You only live once
De muren hebben oren	The walls have ears
Ieder zijn eigen	To each his own
Over mijn Lijk	Over my dead body
Je kunt je cake niet eten en ook hebben	You can't eat your cake and have it too

VERHAAL MODUS

ENGELS

Stefan: "Hi."

Mia: "Hi, how's your day?"

Stefan: "Pretty good. What are you reading?"

Mia: "This is a list of my top ten favorite idioms, in no particular order."

1. "Nobody tells a blind man that it's raining."

2. "When the cat is out, the mice will play."

3. "Make hay while the sun is shining."

4. "Those who need babies, will not go to sleep with socks."

5. "Stupid flies are buried with the corpse."

6. "At the beginning of the bed, early to go up."

7. "When in France, do as the French do."

8. "We only live once."

9. "Hope is eternal."

10. "All good things come to an end."

NEDERLANDS

Stefan: "Hallo."

Mia: "Hallo, hoe gaat het met je dag?"

Stefan: "Best goed. Wat ben je aan het lezen?"

Mia: "Dit is een lijst van mijn top tien favoriete idioom, in willekeurige volgorde."

1. "Niemand vertelt een blinde man dat het regent."

2. "Als de kat weg is, zullen de muizen spelen."

3. "Maak hooi terwijl de zon schijnt."

4. "Degenen die baby's nodig hebben, gaan niet met sokken slapen."

5. "Stomme vliegen zijn begraven met het lijk."

6. "Aan het begin van het bed, vroeg om naar boven te gaan."

7. "Doe in Frankrijk wat de Fransen doen."

8. "We leven maar één keer."

9. "Hoop is eeuwig."

10. "Aan alle goede dingen komt een einde."

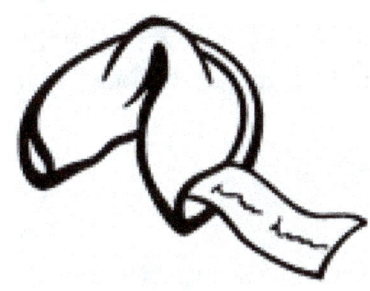

EINDE VAN

BOEK TWEE

Haal voor de complete ervaring het tweede en derde boek in de serie

DE EENVOUDIGE MANIER OM ENGELS TE LEREN

Voor updates over het volgende boek zijn we beschikbaar op Twitter als @ BadCreativ3 en op Facebook
www.facebook.com/BadCreativ3

ANDERE BADCREATIVE BOEKEN

The Simple Way To Learn French

The Simple Way To Learn Spanish

The Simple Way To Learn German

The Simple Way To Learn Chinese

Bedankt voor het lezen en we hopen dat je zo vriendelijk bent om een recensie te plaatsen op onze Amazon-pagina.

www.ingramcontent.com/pod-product-compliance
Lightning Source LLC
Chambersburg PA
CBHW052109110526
44592CB00013B/1544